VA-607

Baunutzungsverordnung 1990

Mit Auszügen aus den
Baunutzungsverordnungen 1962, 1968, 1977

Kurzkommentierung

von

Hansjörg Rist

Leitender Ministerialrat
im Innenministerium Baden-Württemberg
Lehrbeauftragter an der
Fachhochschule für Technik in
Stuttgart

Geographisches Institut
der Universität Kiel
ausgesonderte Dublette

Inv.-Nr. A33660

Verlag W. Kohlhammer
Stuttgart Berlin Köln

Geographisches Institut
der Universität Kiel
Neue Universität

CIP-Titelaufnahme der Deutschen Bibliothek

Rist, Hansjörg:
Baunutzungsverordnung 1990 : mit Auszügen aus den
Baunutzungsverordnungen 1962, 1968, 1977 ; Kommentar / von
Hansjörg Rist. – Stuttgart ; Berlin ; Köln ; Kohlhammer, 1990
   ISBN 3–17–010964–2

Alle Rechte vorbehalten
© 1990 W. Kohlhammer GmbH
Stuttgart Berlin Köln
Verlagsort: Stuttgart 1990
Gesamtherstellung: W. Kohlhammer
Druckerei GmbH & Co. Stuttgart
Printed in Germany

VA - 607

Rist
Baunutzungsverordnung 1990

Kurzkommentierung

Inhaltsverzeichnis

Vorwort

Die BauNVO hat seit ihrem erstmaligen Inkrafttreten 1962 mit der 4. Verordnung zur Änderung der BauNVO ihre 5. Fassung erhalten. Der Versuch, die Vorschriften den gewandelten Gegebenheiten und Bedürfnissen anzupassen, hat mit jeder Novellierung zu immer weiterer Ausdehnung und Ausdifferenzierung der Regelungen und damit zu einer in der Planungs- und Baupraxis immer schwieriger werdenden Handhabbarkeit geführt. Mit jeder Fassung der BauNVO bleibt eine „Generation" von Bauleitplänen verbunden. Die in diese Pläne eingegangenen Vorschriften der BauNVO gelten mit dem jeweiligen Plan solange weiter, bis dieser in einem neuerlichen Verfahren geändert oder aufgehoben wird. Auch mit der 4. Novelle ist es nicht gelungen, die dringend notwendige Vereinfachung der planungsrechtlichen Vorschriften zu erreichen. Das Gegenteil ist leider der Fall. Es gibt wenige Vorschriftenkomplexe im Baurecht, die der Praxis ähnliche Schwierigkeiten bereiten. Die 4. Änderungs-VO hat eine Reihe weiterer hochkomplizierter Vorschriften hinzugefügt, die das bestehende Dilemma noch verschärfen werden. Tatsächlich besteht die Gefahr, daß sich Baurechtspraxis und Rechtslage immer weiter auseinander entwickeln. In Diskussionen häufig zu hörende Begriffe wie „brauchbare Illegalität", als einem das Baugeschehen in Gang haltenden Zustand, sind alarmierende Belege. Gerade im Regelungsbereich der BauNVO ist dies am allerwenigsten hinnehmbar, weil sie zu Festsetzungen ermächtigt, die erheblich in das Eigentum eingreifen können. Bei weiter bestehenden Unklarheiten über Festsetzungsmöglichkeiten und -inhalte bei den Akteuren müßte dies zu letztlich willkürlichen Ergebnissen führen. Insbesondere bei der Anwendung von BP sind Fehlinterpretationen immer wieder bekanntgeworden.

Das vorliegende Werk versucht die Vorschriftenhandhabung für den Praktiker überschaubarer und leichter zu machen. Neben der aktuellen Fassung der BauNVO sind die wesentlichen weitergeltenden, von der aktuellen Fassung abweichenden Vorschriften der früheren VO abgedruckt. Die beigefügten Erläuterungen sollen dem Praktiker die wichtigsten Hinweise für eine richtige Anwendung in handlicher und übersichtlicher Form geben, damit er seine Arbeit besser leisten kann.

Stuttgart, im Januar 1990   Hansjörg Rist

Abkürzungsverzeichnis

Abs.	Absatz
BaWü	Baden-Württemberg
BauGB	Baugesetzbuch
BauNVO	Baunutzungsverordnung
BauNVO 62	Baunutzungsverordnung vom 26. 6. 1962 (BGBl. I S. 429)
BauNVO 68	Baunutzungsverordnung i. d. F. der Bekanntmachung vom 26. 11. 1968 (BGBl. I S. 1237)
BauNVO 77	Baunutzungsverordnung i. d. F. der Bekanntmachung vom 15. 9. 1977 (BGBl. I S. 1763)
BBauG	Bundesbaugesetz
BG	Baugrenze
BGBl.	Bundesgesetzblatt
BL	Baulinie
BM	Baumasse
BMZ	Baumassenzahl
BP	Bebauungsplan
BVerwG	Bundesverwaltungsgericht
bzw.	beziehungsweise
dgl.	dergleichen
d. h.	das heißt
EFH	Erdgeschoß-Fußbodenhöhe
FH	Firsthöhe
FNP	Flächennutzungsplan
g	geschlossene Bauweise
Ga	Garage
GE	Gewerbegebiet
GF	Geschoßfläche
GFZ	Geschoßflächenzahl
GI	Industriegebiet
ggfs.	gegebenenfalls
GR	Grundfläche
GRZ	Grundflächenzahl
Höhe	Höhe baulicher Anlagen
i. d. F.	in der Fassung

Abkürzungsverzeichnis

i. d. R.	in der Regel
i. S. v.	im Sinne von
i. V. m.	in Verbindung mit
Kfz	Kraftfahrzeug
LBO	Landesbauordnung
max.	maximal
MBO	Musterbauordnung der Länder
MD	Dorfgebiet
MI	Mischgebiet
MK	Kerngebiet
NN	Normal-Null
o	offene Bauweise
OAB	oberste Außenwandbegrenzung
OK	Oberkante
ÖPNV	öffentlicher Personennahverkehr
Rn	Randnummer
SO	Sondergebiet
sog.	sogenannte
St	Stellplatz
StVO	Straßenverkehrsordnung
TH	Traufhöhe
u. a.	unter anderem
ÜGF	überbaubare Grundstücksfläche
VG	Vollgeschoß
vgl.	vergleiche
VO	Verordnung
WA	allgemeines Wohngebiet
WB	besonderes Wohngebiet
WR	reines Wohngebiet
WS	Kleinsiedlungsgebiet
Z	Zahl der Vollgeschosse
z. B.	zum Beispiel
z. T.	zum Teil

Einführung

Die BauNVO hat ihre Rechtsgrundlage in § 2 Abs. 5 BauGB (früher § 2 Abs. 8 BBauG, ursprünglich § 2 Abs. 10 BBauG 1960). Sie enthält Rechtsvorschriften über die Art der baulichen Nutzung (§ 5 Abs. 2 Nr. 1 und § 9 Abs. 1 Nr. 1 BauGB), das Maß der baulichen Nutzung (§ 9 Abs. 1 Nr. 1 BauGB) und seine Berechnung, die Bauweise sowie die überbaubaren und die nicht überbaubaren Grundstücksflächen (§ 9 Abs. 1 Nr. 2 BauGB), die in den Baugebieten zulässigen baulichen und sonstigen Anlagen, sowie die Zulässigkeit der Festsetzungen nach Maßgabe des § 9 Abs. 3 BauGB in den Baugebieten. Damit kommt ihr für die Aufstellung von Bauleitplänen, namentlich aber für Bebauungspläne (BP), eine zentrale Bedeutung zu. Aus dem verfassungsgemäßen Grundsatz der Baufreiheit resultiert eine limitierende Vorgabe des Bundesgesetzgebers in § 9 BauGB und der BauNVO für den zulässigen Inhalt der BP, wobei dieses Limit nicht in jedem Planungsfall, gewissermaßen automatisch, voll ausgenutzt werden kann. In jedem Normsetzungsverfahren vor Ort ist vielmehr die Erforderlichkeit und Abwägungsgerechtigkeit der getroffenen Festsetzungen zu begründen. Dies gilt namentlich auch für die Festsetzungen, die nach der BauNVO in BP getroffen werden, weil sie in ihrer Reichweite und Differenzierung erheblich in das Eigentum eingreifen können. Dies bedarf jedoch stets einer nachvollziehbaren Rechtfertigung. Der Verordnungsgeber hat den in § 2 Abs. 5 Nr. 3 BauGB gegebenen Ermächtigungsrahmen nicht voll ausgeschöpft. Vorschriften über die Festsetzung verschiedenartiger Baugebiete übereinander werden nicht erlassen. Damit ist die Schichtung unterschiedlicher Baugebiete unzulässig. Die Gemeinde muß sich zur Festsetzung eines Baugebietstyps entscheiden, den sie dann durch differenzierende Festsetzungen nach § 1 Abs. 4–10 BauNVO verändern kann.

Die BauNVO gibt es in nunmehr 5 Fassungen:
– Ursprüngliche Fassung vom 26. 06. 62 (BGBl. I S. 429) – BauNVO 62 – in Kraft getreten am 01. 08. 62.
– 1. Änderung vom 26. 11. 68 (BGBl. I S. 1237, berichtigt BGBl. 69 I. S. 11) – BauNVO 68 – in Kraft getreten am 01. 01. 69.
– 2. Änderung vom 15. 09. 77 (BGBl. I S. 1763) – BauNVO 77 – in Kraft getreten am 10. 01. 77.

– 3. Änderung vom 30. 12. 86 (BGBl. I S. 2665) – BauNVO 86 – in Kraft getreten am 01. 01. 87. (Beschränkte sich auf § 11 Abs. 3)
– 4. Änderung vom 23. 01. 90 (BGBl. 1 S. 127)

Die früheren Fassungen der BauNVO gelten für die in ihrem Geltungszeitraum aufgestellten bzw. geänderten Bauleitpläne weiter. Für die Aufstellung, Änderung und Ergänzung von Bauleitplänen (§ 2 Abs. 4 BauGB) ist stets die zu diesem Zeitpunkt geltende Fassung der BauNVO anzuwenden. Für die Fortführung von zum Zeitpunkt des Inkrafttretens der BauNVO 90 (27. 01. 90) bereits eingeleiteten Verfahren sind – entsprechend den Bestimmungen bei den früheren Novellierungen – die Überleitungsvorschriften des § 25c maßgebend. Das bedeutet auch, daß bei der Änderung alter BP stets die Regelungen der aktuellen BauNVO zugrunde gelegt werden müssen. Bereits rechtsverbindliche BP werden von späteren Änderungen der BauNVO, soweit sie keine speziellen Rückwirkungsbestimmungen enthalten, nicht berührt, so daß Neuregelungen mit dem Ziel einer Verbesserung und Aktualisierung der Planungsmöglichkeiten immer nur für künftige Planungen Wirkung entfalten können. Die früheren Fassungen der BauNVO gelten für die unter ihrer Geltung aufgestellten Bauleitpläne fort. Maßgebend für die Frage, welche Fassung dem jeweiligen Bauleitplan zugrunde liegt, sind die Überleitungsvorgschriften in § 25 ff. Danach ist für den jeweiligen BP die Fassung der BauNVO maßgebend, die am ersten Tag der öffentlichen Auslegung des Entwurfs galt. Besondere Bedeutung hat dies für die Bestimmungen über die Art der baulichen Nutzung, weil der in der BauNVO enthaltene Baugebiets-Typenzwang dem Plangeber nur die Festsetzung der vorgegebenen Baugebiets-Typen einschließlich der in der Verordnung eingeräumten Differenzierungen ermöglicht. Sie werden damit – ggf. mit der im BP enthaltenen Differenzierung – Inhalt der ortsgesetzlichen Regelung, die bis zu ihrer förmlichen Änderung oder Aufhebung durch den Plangeber weiter gelten. Es ist daher dringend zu empfehlen, jedem BP einen Aufdruck über die ihm zugrunde liegende und damit maßgebende Fassung der BauNVO zu geben.

Die wesentlichen, mit den jeweiligen BP weitergeltenden Vorschriften der früheren Fassungen der BauNVO, sind in dieser Ausgabe im Anschluß an die einzelnen Baugebietsvorschriften nur insoweit abgedruckt als sie von der Fassung der BauNVO 90 abweichen. Nicht wiedergegeben sind dagegen die von der BauNVO 90 abweichenden Bestimmungen, die sich lediglich an den Plangeber wandten und mit der Umsetzung eine konkrete und verbindliche Ausformung im jeweiligen BP selbst gefunden haben. Dies ist vor allem bei der Festsetzung des Maßes der baulichen Nutzung der Fall. Hier gelten für die Zulässigkeit von Vorhaben die im BP festgesetzten Zahlenwerte und nicht etwa die den Plangeber bindenden Zahlenwerte der Obergrenzen-Tabelle in § 17.

Um sowohl die Einzelerläuterungen als auch die Kommentierung insgesamt kurz und übersichtlich zu halten, wurde auf die Wiedergabe von Leitsätzen aus der Rechtsprechung, sowie auf eine Auseinandersetzung mit anderer Literatur verzichtet. Gleichwohl ist auch die neueste Rechtsprechung bei den Erläuterungen inhaltlich berücksichtigt. Für eine vertiefte Auseinandersetzung mit Einzelfragen wird auf ausführliche Kommentare zur BauNVO mit Angaben zur Rechtsprechung und Literatur verwiesen:

Brügelmann, Kommentar zum Baugesetzbuch (ab 10. Lfg. Stand Frühjahr 1990), Verlag W. Kohlhammer

Ernst-Zinkahn-Bielenberg, Kommentar zur BauNVO (im Kommentar BauGB), Verlag C. H. Beck

Fickert/Fieseler, Kommentar zur BauNVO, Deutscher Gemeindeverlag, Verlag W. Kohlhammer

Verordnung über die bauliche Nutzung der Grundstücke (Baunutzungsverordnung – BauNVO)

in der Fassung der Bekanntmachung vom 23. 01. 1990 (BGBl. S. 132)
Auszug Fassungen BauNVO 1962, 1968 und 1977

Inhaltsübersicht

Erster Abschnitt · Art der baulichen Nutzung

§ 1   Allgemeine Vorschriften für Bauflächen und Baugebiete

(1) Im Flächennutzungsplan können die für die Bebauung vorgesehenen Flächen nach der allgemeinen Art ihrer baulichen Nutzung (Bauflächen) dargestellt werden als

1. Wohnbauflächen   (W)
2. gemischte Bauflächen   (M)
3. gewerbliche Bauflächen   (G)
4. Sonderbauflächen   (S).

(2) Die für die Bebauung vorgesehenen Flächen können nach der besonderen Art ihrer baulichen Nutzung (Baugebiete) dargestellt werden als

1. Kleinsiedlungsgebiete   (WS)
2. reine Wohngebiete   (WR)
3. allgemeine Wohngebiete   (WA)
4. besondere Wohngebiete   (WB)
5. Dorfgebiete   (MD)
6. Mischgebiete   (MI)
7. Kerngebiete   (MK)
8. Gewerbegebiete   (GE)
9. Industriegebiete   (GI)
10. Sondergebiete   (SO).

(3) Im Bebauungsplan können die in Absatz 2 bezeichneten Baugebiete festgesetzt werden. Durch die Festsetzung werden die Vorschriften der §§ 2 bis 14 Bestandteil des Bebauungsplans, soweit nicht aufgrund der Absätze 4 bis 10 etwas anderes bestimmt wird. Bei Festsetzung von Sondergebieten finden die Vorschriften über besondere Festsetzungen nach den Absätzen 4 bis 10 keine Anwendung; besondere Festsetzungen über die Art der Nutzung können nach den §§ 10 und 11 getroffen werden.

(4) Für die in den §§ 4 bis 9 bezeichneten Baugebiete können im Bebauungsplan für das jeweilige Baugebiet Festsetzungen getroffen werden, die das Baugebiet

1. nach der Art der zulässigen Nutzung,
2. nach der Art der Betriebe und Anlagen und deren besonderen Bedürfnissen und Eigenschaften

gliedern. Die Festsetzungen nach Satz 1 können auch für mehrere Gewerbegebiete einer Gemeinde im Verhältnis zueinander getroffen werden; dies gilt auch für Industriegebiete. Absatz 5 bleibt unberührt.

(5) Im Bebauungsplan kann festgesetzt werden, daß bestimmte Arten von Nutzungen, die nach den §§ 2, 4 bis 9 und 13 allgemein zulässig sind, nicht zulässig sind oder nur ausnahmsweise zugelassen werden können, sofern die allgemeine Zweckbestimmung des Baugebiets gewahrt bleibt.

(6) Im Bebauungsplan kann festgesetzt werden, daß alle oder einzelne Ausnahmen, die in den Baugebieten nach den §§ 2 bis 9 vorgesehen sind,

1. nicht Bestandteil des Bebauungsplans werden oder
2. in dem Baugebiet allgemein zulässig sind, sofern die allgemeine Zweckbestimmung des Baugebiets gewahrt bleibt.

(7) In Bebauungsplänen für Baugebiete nach den §§ 4 bis 9 kann, wenn besondere städtebauliche Gründe dies rechtfertigen (§ 9 Abs. 3 des Baugesetzbuchs), festgesetzt werden, daß in bestimmten Geschossen, Ebenen oder sonstigen Teilen baulicher Anlagen

1. nur einzelne oder mehrere der in dem Baugebiet allgemein zulässigen Nutzungen zulässig sind,
2. einzelne oder mehrere der in dem Baugebiet allgemein zulässigen Nutzungen unzulässig sind oder als Ausnahme zugelassen werden können oder
3. alle oder einzelne Ausnahmen, die in den Baugebieten nach den §§ 4 bis 9 vorgesehen sind, nicht zulässig oder, sofern die allgemeine Zweckbestimmung des Baugebiets gewahrt bleibt, allgemein zulässig sind.

(8) Die Festsetzungen nach den Absätzen 4 bis 7 können sich auch auf Teile des Baugebiets beschränken.

(9) Wenn besondere städtebauliche Gründe dies rechtfertigen, kann im Bebauungsplan bei Anwendung der Absätze 5 bis 8 festgesetzt werden, daß nur bestimmte Arten der in den Baugebieten allgemein oder ausnahmsweise zulässigen baulichen oder sonstigen Anlagen zulässig oder nicht zulässig sind oder nur ausnahmsweise zugelassen werden können.

(10) Wären bei Festsetzung eines Baugebiets nach den §§ 2 bis 9 in überwiegend bebauten Gebieten bestimmte vorhandene bauliche und sonstige Anlagen unzulässig, kann im Bebauungsplan festgesetzt werden, daß Erweiterungen, Änderungen, Nutzungsänderungen und Erneuerungen dieser Anlagen allgemein zulässig sind oder ausnahmsweise zugelassen werden können. Im Bebauungsplan können nähere

Bestimmungen über die Zulässigkeit getroffen werden. Die allgemeine Zweckbestimmung des Baugebiets muß in seinen übrigen Teilen gewahrt bleiben. Die Sätze 1 bis 3 gelten auch für die Änderung und Ergänzung von Bebauungsplänen.

BauNVO 1977:

(1) Im Flächennutzungsplan sind, soweit es erforderlich ist, die für die Bebauung vorgesehenen Flächen (§ 5 Abs. 2 Nr. 1 des Bundesbaugesetzes) nach der allgemeinen Art ihrer baulichen Nutzung (Bauflächen) darzustellen als

1. Wohnbauflächen	*(W)*
2. gemischte Bauflächen	*(M)*
3. gewerbliche Bauflächen	*(G)*
4. Sonderbauflächen	*(S).*

(2) Soweit es erforderlich ist, sind die für die Bebauung vorgesehenen Flächen nach der besonderen Art ihrer baulichen Nutzung (Baugebiete) darzustellen als

1. Kleinsiedlungsgebiete	*(WS)*
2. reine Wohngebiete	*(WR)*
3. allgemeine Wohngebiete	*(WA)*
4. besondere Wohngebiete	*(WB)*
5. Dorfgebiete	*(MD)*
6. Mischgebiete	*(MI)*
7. Kerngebiete	*(MK)*
8. Gewerbegebiete	*(GE)*
9. Industriegebiete	*(GI)*
10. Sondergebiete	*(SO).*

(3) Im Bebauungsplan sind, soweit es erforderlich ist, die in Absatz 2 bezeichneten Baugebiete festzusetzen. Durch die Festsetzung werden die Vorschriften der §§ 2 bis 14 Bestandteil des Bebauungsplans, soweit nicht aufgrund der Absätze 4 bis 9 etwas anderes bestimmt wird.

(4) Für die in den §§ 4 bis 9 und 11 bezeichneten Baugebiete können im Bebauungsplan für das jeweilige Baugebiet Festsetzungen getroffen werden, die das Baugebiet

1. nach der Art der zulässigen Nutzung,

2. nach der Art der Betriebe und Anlagen und deren besonderen Bedürfnissen und Eigenschaften

gliedern. Die Festsetzungen nach Satz 1 können auch für mehrere Gewerbe-

gebiete einer Gemeinde im Verhältnis zueinander getroffen werden; dies gilt auch für Industriegebiete. Absatz 5 bleibt unberührt.

(7) In Bebauungsplänen für Baugebiete nach den §§ 4 bis 9 und 11 kann, wenn besondere städtebauliche Gründe dies rechtfertigen (§ 9 Abs. 3 des Bundesbaugesetzes), festgesetzt werden, daß in bestimmten Geschossen, Ebenen oder sonstigen Teilen baulicher Anlagen

1. nur einzelne oder mehrere der in dem Baugebiet allgemein zulässigen Nutzungen zulässig sind,

2. einzelne oder mehrere der in dem Baugebiet allgemein zulässigen Nutzungen unzulässig sind oder als Ausnahme zugelassen werden können oder

3. alle oder einzelne Ausnahmen, die in den Baugebieten nach den §§ 4 bis 9 vorgesehen sind, nicht zulässig oder, sofern die allgemeine Zweckbestimmung des Baugebiets gewahrt bleibt, allgemein zulässig sind.

(10) fehlte

BauNVO 1968:

Gliederung in Bauflächen und Baugebiete

(1) wie BauNVO 1977

(2) Soweit es erforderlich ist, sind die für die Bebauung vorgesehenen Flächen nach der besonderen Art ihrer baulichen Nutzung (Baugebiete) darzustellen als

1. Kleinsiedlungsgebiete	*(WS)*
2. reine Wohngebiete	*(WR)*
3. allgemeine Wohngebiete	*(WA)*
4. Dorfgebiete	*(MD)*
5. Mischgebiete	*(MI)*
6. Kerngebiete	*(MK)*
7. Gewerbegebiete	*(GE)*
8. Industriegebiete	*(GI)*
9. Wochenendhausgebiete	*(SW)*
10. Sondergebiete	*(SO).*

(3) Im Bebauungsplan sind, soweit es erforderlich ist, die in Absatz 2 bezeichneten Baugebiete festzusetzen. Durch die Festsetzung werden die Vorschriften der §§ 2 bis 10 und 12 bis 14 Bestandteil des Bebauungsplanes, soweit nicht auf Grund der Absätze 4 und 5 etwas anderes bestimmt wird.

(4) Im Bebauungsplan kann festgesetzt werden, daß Ausnahmen, die in den einzelnen Baugebieten nach den §§ 2 bis 9 vorgesehen sind, ganz oder teilweise nicht Bestandteil des Bebauungsplanes werden.

(5) Im Bebauungsplan kann festgesetzt werden, daß Anlagen, die in den einzelnen Baugebieten nach den §§ 2 bis 9 ausnahmsweise zugelassen werden können, in dem jeweiligen Baugebiet ganz oder teilweise allgemein zulässig sind, sofern die Eigenart des Baugebiets im allgemeinen gewahrt bleibt.
(6–10) fehlte

BauNVO 1962:

Gliederung in Bauflächen und Baugebiete
(1) wie BauNVO 1977
(2) Soweit es erforderlich ist, sind die Bauflächen nach der besonderen Art ihrer baulichen Nutzung in Baugebiete (§ 5 Abs. 2 Nr. 1 Bundesbaugesetz) zu gliedern, und zwar:
1. die Wohnbauflächen in
  a) Kleinsiedlungsgebiete   *(WS)*
  b) reine Wohngebiete   *(WR)*
  c) allgemeine Wohngebiete   *(WA)*
2. die gemischten Bauflächen in
  a) Dorfgebiete   *(MD)*
  b) Mischgebiete   *(MI)*
  c) Kerngebiete   *(MK)*
3. die gewerblichen Bauflächen in
  a) Gewerbegebiete   *(GE)*
  b) Industriegebiete   *(GI)*
4. die Sonderbauflächen in
  a) Wochenendhausgebiete   *(SW)*
  b) Sondergebiete   *(SO).*
(3–5) wie BauNVO 1968
(6–10) fehlte

Erläuterungen:

1   Nach § 5 Abs. 2 BauGB können die für die Bebauung vorgesehenen Flächen nach der allgemeinen Art der baulichen Nutzung als Bauflächen oder nach der besonderen Art der baulichen Nutzung als Baugebiete dargestellt werden. Dem entspricht die BauNVO. Mit der geänderten Fassung der Einleitungssätze in **Abs. 1 und 2** „können ... dargestellt werden" wird klargestellt, daß die Regelungen, als Ermächtigungsnorm für die Planung der Gemeinden, lediglich die möglichen Darstellungen bzw. Festsetzungen in den Bauleitplänen aufzählen, aber keine eigenständige Verpflichtung für die Gemeinden enthalten. Ob und inwieweit von den Möglichkeiten Gebrauch zu machen ist, richtet sich im wesentlichen nach den Grundsätzen des § 1 BauGB, insbesondere der Erforderlichkeit und Abwägungsgerechtigkeit. Im allgemeinen wird die Darstellung von Bauflächen im Flächennutzungsplan (FNP) ausreichen, da dieser die städtebauliche Entwicklung in den Grundzügen darzustellen hat (§ 5 Abs. 1 BauGB). Die weitere Ausformung zu Baugebieten kann im allgemeinen dem Herausentwickeln der BP überlassen werden (§ 8 Abs. 2 BauGB); die Gemeinden haben hierbei jedoch ein weites Ermessen. Aus den Abs. 1 und 2 ergibt sich ein abschließender Katalog von Typen der Bauflächen und Baugebiete (Typenzwang). Andere Arten, insbesondere etwa sogenannte „Reserve-Bauflächen", sind unzulässig. Der Grundsatz der Bestimmtheit verlangt schon bei der Darstellung von Sonderbauflächen eine konkretisierende allgemeine Zweckbestimmung, z. B. „Erholungszwecke". Häufig wird jedoch schon die Darstellung von Sondergebieten erforderlich sein. Flächen für den Gemeinbedarf (§ 5 Abs. 2 Nr. 2 BauGB) sind begrifflich nicht Bestandteil des Baugebiets. Bestimmte Gemeinbedarfseinrichtungen können indessen nach Maßgabe der jeweiligen Baugebietsnorm nach den Festsetzungen eines Baugebiets durch BP im Einzelfall zulässig sein. Das gleiche gilt für Flächen für Sport- und Spielanlagen (§ 5 Abs. 2 Nr. 2 und § 9 Abs. 1 Nr. 5 BauGB). Derartige Einrichtungen können im FNP auch ohne Flächendarstellung lediglich als Standortsymbol dargestellt werden. Die weitere Ausformung erfolgt dann ebenfalls über das Herausentwickeln im BP. Bei der Ausweisung von Bauflächen und Baugebieten kommt Gesichtspunkten des – auch vorbeugenden – Immissionsschutzes besondere Bedeutung zu. Bei der Überplanung von Bestandsgebieten in sog. Gemengelagen ist eine möglichst flexible Handhabung der BauNVO geboten. Nur so kann die auch mit der Novellierung 1990 nicht überwundene Starre der typisierenden Vorschriften einigermaßen ausgeglichen werden.

Nach § 9 Abs. 1 Nr. 1 kann im BP die Art der baulichen Nutzung festgesetzt **2** werden. Dem entspricht die BauNVO mit den Baugebiets-Typen. **Abs. 3** Satz 2 regelt die automatische Übernahme der Baugebietsnormen einschließlich der zugehörigen Zubehörvorschriften (§§ 12–14) in den BP, soweit dort nichts anderes festgesetzt wird. Diese „Festsetzungsautomatik" erleichtert – namentlich bei undifferenzierter Übernahme – einerseits die Planungsarbeit für die Gemeinden. Auf der anderen Seite bedingt diese Automatik die Fortgeltung der Baugebietsnormen der früheren Fassungen der BauNVO für die unter ihrer Geltung zustande gekommenen BP. Die ursprünglich in den einzelnen Baugebietsnormen geregelten Abweichungsmöglichkeiten für den Plangeber sind bei der Ausweitung der Differenzierungsmöglichkeiten für die meisten Baugebiete schon mit der Novelle 1977 „vor die Klammer gezogen" worden und finden sich nun in den Abs. 4–10. Art und Umfang der festgesetzten Baugebiete braucht nicht immer voll mit den Darstellungen des FNP übereinzustimmen. Der Begriff „entwickeln" (§ 8 Abs. 2 BauGB) gestattet den Gemeinden einen eigenständigen Gestaltungsspielraum innerhalb der Grundzüge der Planung, d. h. bei der weitergehenden Konkretisierung der Regelungen durch den BP gerechtfertigte Abweichungen vom FNP sind dann zulässig, wenn sie der Grundkonzeption des FNP nicht widersprechen. Danach sind im allgemeinen begründete maßvolle Abweichungen von der dargestellten Abgrenzung zwischen unterschiedlichen Bauflächen bzw. Baugebieten, sowie deren Abgrenzung zu anderen Nutzungen – auch im Übergang zum Außenbereich –, möglich (Parzellenunschärfe des FNP). Im Einzelfall, z. B. bei gezielter Abgrenzung der Darstellungen an topographischen Sprüngen, Straßen, Gewässern und dgl., kann dies allerdings nicht zutreffen. Nach § 9 Abs. 1 Nr. 5 BauGB festgesetzte Flächen für den Gemeinbedarf oder Flächen für Sport- und Spielanlagen sind nicht Bestandteil etwa angrenzend festgesetzter Baugebiete, sondern selbständige Nutzungsfestsetzungen. Sie müssen jeweils hinreichend konkrete Festsetzungen über die spezielle Art der Nutzung enthalten, um der an eine Rechtsnorm gestellten Anforderung der Bestimmtheit und Klarheit zu genügen. Selbstverständlich müssen auch solche selbständigen Nutzungsfestsetzungen bei der Zuordnung zu anderen Nutzungen, wie z. B. angrenzenden Baugebieten, mit diesen abgestimmt und in der jeweiligen konkreten Ausformung materiell verträglich sein. Die Zulässigkeit von Anlagen des Gemeinbedarfs und von Anlagen für sportliche Zwecke in den festgesetzten Baugebieten nach der jeweiligen Baugebietsnorm selbst bleiben unberührt, soweit im BP insoweit keine differenzierenden Festsetzungen getroffen worden sind. Satz 3 stellt – in Übereinstimmung mit der früheren Rechtslage – klar, daß für SO die Differenzierungsermächtigungen in Abs. 4–10 keine Anwendung finden. Die Gemeinde ist bei SO nicht an die für die typisierten Baugebiete der VO eröffneten Möglichkeiten der Differenzierung gebunden. Die Festsetzungen zur besonderen Art der Nutzung, einschließlich aller erforderlichen Differenzierungen, werden nach den §§ 10 und 11 von der Gemeinde selbst getroffen. Hierin liegt gerade das Wesen der SO im Unterschied zu den übrigen Baugebieten.

Gliedern in **Abs. 4** bedeutet die räumliche Verteilung der im Baugebiet allge- 3
mein oder ausnahmsweise zulässigen Nutzungen und Anlagen auf einzelne
Bereiche des Gebiets. Hierbei handelt es sich, im Gegensatz zur vertikalen
Differenzierung nach Abs. 7, um eine horizontale Verteilung der Nutzungen
und Anlagen. Für das Gebiet als Ganzes muß die nach der Baugebietsnorm
zulässige Nutzung in der Summe gewahrt bleiben. Nur für Gewerbegebiete
und Industriegebiete darf die Verteilung der jeweils zulässigen Nutzungen und
Anlagen auf voneinander getrennte Gebiete erfolgen. Hier müssen alle Nutzungen und Anlagen nach § 8 bzw. § 9 lediglich in der Summe aller Gewerbe-
bzw. Industriegebiete einer Gemeinde zulässig bleiben. Die Vorschrift ermächtigt nicht zu einem Ausschluß zulässiger Nutzungen. Satz 3 stellt klar,
daß neben der Gliederung auch der Ausschluß einzelner Nutzungsarten nach
Abs. 5 zulässig ist. Da die Möglichkeit zum Ausschluß einzelner Anlagen nach
Abs. 9 eine weitere Ausformung des Abs. 5 darstellt, ist auch diese Festsetzung neben der Gliederung nach Abs. 4 zulässig. Die Ermächtigungsregelung
der BauNVO 77 zur Gliederung von Baugebieten nach § 11 wurde ebenso wie
die geschoßweise Differenzierung dieser Gebiete in Abs. 7 gestrichen. Dies
dient lediglich der Klarstellung. Die Regelungen waren schon bislang über-
flüssig, da die Gemeinden ohnehin Art und Umfang der Nutzung in diesen
Baugebieten selbst konkret bestimmen. Dabei stehen ihnen auch alle Differenzierungsmöglichkeiten zur Verfügung, soweit dies städtebaulich begründet und hinreichend bestimmt ist.

Nach **Abs. 5** können allgemein zulässige Anlagen ausgeschlossen oder nur 4
ausnahmsweise zugelassen werden. Nutzungen sind die in den Baugebiets-
katalogen aufgeführten Anlagen. Sie umfassen – gewissermaßen als Oberbe-
griff – regelmäßig verschiedene bauliche und sonstige Anlagen. So kann sich
z. B. der Nutzungsbegriff Gewerbegebiet in eine größere Zahl von baulichen
und sonstigen Anlagen gliedern. Die Vorschrift läßt nur den Ausschluß oder
die ausnahmsweise Zulassung von Arten von Nutzungen, also eine grobe
Differenzierung, zu. Dabei kann in den genannten Gebieten jede der im Baugebietskatalog in Abs. 2 genannten Nutzungen Gegenstand der Differenzierung sein. Es ist keineswegs notwendig oder gar Voraussetzung, daß immer
alle dort in einer Nummer aufgeführten Nutzungen insgesamt ausgeschlossen werden. Vielmehr soll gerade jede weitere Einschränkung der Baufreiheit
so gering wie nur möglich gehalten werden. Der Ausschluß, bzw. die ausnahmsweise Zulassung allgemein zulässiger Nutzungen, darf jedoch nur so
weit gehen, daß die allgemeine Zweckbestimmung des Baugebiets, wie sie
sich insbesondere aus dem jeweiligen Abs. 1 der Baugebietsnorm ergibt,

gewahrt bleibt. Auch wenn nach der Vorschrift keine besonderen städtebaulichen Gründe verlangt werden, bedarf die beschränkende Differenzierung durch Ausschluß von zulässigen Nutzungen oder deren Umwandlung in Ausnahmen im einzelnen BP einer stichhaltigen städtebaulichen Begründung. Daneben bestehen die Differenzierungsmöglichkeiten nach den Abs. 4 und 6 bis 9.

5 Die in den einzelnen Baugebietsnormen in Abs. 3 aufgeführten zulassungsfähigen Ausnahmen stehen nach **Abs. 6** in den genannten Baugebieten zur Disposition des Plangebers. Es handelt sich dabei um die Ergänzung der Vorschrift in Abs. 5 für den Bereich der ausnahmsweise zulässigen Nutzungen. Wie in Abs. 5 können auch hier nur die im Baugebietskatalog aufgeführten Nutzungen Gegenstand der Differenzierung sein. Werden Ausnahmen nicht Bestandteil des BP (Abs. 6 Nr. 1) bedarf es – neben der allgemeinen Begründung – keiner besonderen Prüfung, da die im wesentlichen von der allgemein zulässigen Nutzung geprägte Zweckbestimmung des Baugebiets kaum verletzt sein kann. Werden dagegen Ausnahmen allgemein zulässig gemacht, ist auf die Wahrung der allgemeinen Zweckbestimmung des Baugebiets besonders zu achten. Daneben bestehen die Differenzierungsmöglichkeiten nach Abs. 4, 5 und 7–9. Beim Ausschluß zulassungsfähiger Nutzungen verringern sich allerdings stets die mögliche Nutzungsvielfalt im Baugebiet und die Möglichkeit zur Berücksichtigung auftretender besonderer Situationen. Insofern berührt die Frage eines Ausschlusses einzelner Nutzungen bei den ohnedies schon stark ausgesiebten vorgegebenen Baugebietstypen der VO in hohem Maße Fragen der Zweckmäßigkeit, über die in der Bauleitplanung der Planungsträger zu entscheiden hat. Trifft die Gemeinde keine besonderen Festsetzungen über die Ausnahmen, werden die Abs. 3 der jeweiligen Baugebietsnormen Bestandteil des BP und die darin aufgeführten ausnahmsweise zulassungsfähigen Anlagen gem. § 1 Abs. 3 Ausnahmen i. S. von § 31 Abs. 1 BauGB. Die Baugenehmigungsbehörde kann dann im Einvernehmen mit der Gemeinde entsprechende Ausnahmen im Einzelfall zulassen.

6 **Abs. 7** setzt § 9 Abs. 3 BauGB für den Bereich der BauNVO um. Im Gegensatz zur „horizontalen Gliederung" (Abs. 4) ermöglicht diese „vertikale Gliederung" eine schichtenweise Nutzungsfestsetzung. Die Ermächtigungsnorm in § 2 Abs. 5 Nr. 3 BauGB wird nur insoweit ausgeschöpft, als die in einem Baugebiet zulässigen Nutzungen durch Festsetzungen im BP auf verschiedene Geschosse und Ebenen verteilt werden können. Das Übereinanderschichten unterschiedlicher Baugebiete ist damit unzulässig. Dagegen kann ein festge-

setztes Baugebiet mit der Festsetzung sonstiger Nutzungen überlagert werden, z. B. Verkehrsflächen, Grünflächen oder Flächen für den Gemeinbedarf. Die vertikale Differenzierung läßt die den horizontalen Differenzierungsmöglichkeiten der Abs. 5, 6 und 9 entsprechenden Festsetzungen schichtenweise zu. Damit ist der gesamte Katalog der Abs. 2 und 3 der Baugebietsnormen im Rahmen dieser Vorschrift der gemeindlichen Disposition zugänglich. Die geforderten besonderen städtebaulichen Gründe müssen keine besonders schwerwiegenden Gründe sein, sondern lediglich – es wird gewissermaßen in den Baukörpern geplant – solche, die die weitergehende Differenzierung rechtfertigen.

Die Vorschrift in **Abs. 8** stellt klar, daß sowohl die horizontale und vertikale 7 Gliederung, als auch der Ausschluß zulässiger Nutzungen und die Disposition über die ausnahmsweise zulässigen Nutzungen sich auch auf Teile von Baugebieten beschränken können. Der Umfang der Differenzierung hat sich stets nach der Erforderlichkeit und Abwägungsgerechtigkeit zu richten. Die Beschränkung auf Teile eines Gebiets ergäbe sich im übrigen schon aus dem Grundsatz der Verhältnismäßigkeit und dem Gebot planerischer Zurückhaltung. Umfassende Eingriffsermächtigungen erlauben nämlich stets auch gleichartige, weniger weitgehende Eingriffe.

Abs. 9 ermöglicht, bei Anwendung der Abs. 5–8 im BP festzusetzen, daß nur 8 bestimmte Arten von baulichen und sonstigen Anlagen im engeren Sinne dieser Vorschrift allgemein zulässig, ausnahmsweise zulassungsfähig oder unzulässig sind. Der Begriff der baulichen und sonstigen Anlagen hat in dieser Vorschrift, im Gegensatz zu dem gleichlautenden Begriff in den Baugebietsnormen, der Nutzungen beschreibt, eine spezielle Bedeutung. Er macht, unterhalb eines Sammelbegriffs Nutzung, eine weitere Unterteilung nach einzelnen Anlagen möglich, z. B. die weitere Differenzierung der Nutzung „Anlagen für sportliche Zwecke" in Sporthalle, Hallenbad, Tennisanlage, Eislaufstadion usw. (als Anlagen im Sinne von Abs. 9), oder eine weitere Unterteilung der Nutzung „Einzelhandel" in bestimmte Arten von Anlagen nach der besonderen Anlagenart (z. B. Branchenbeschränkungen, wie Lebensmittel, Möbel, Oberbekleidung usw.), oder nach ihrem Umfang (z. B. Verkaufsflächenbegrenzungen als Merkmal eines – auch örtlichen – Betriebstyps). Verlangt werden auch hier besondere städtebauliche Gründe für die weitergehende Ausdifferenzierung. Bei Festsetzungen nach Abs. 9 ist sorgfältig darauf zu achten, daß nur städtebauliche Gründe, und nicht etwa solche des Konkurrenzschutzes (z. B. schon ortsansässiges Unternehmen), oder allgemeiner

Wertvorstellungen (Verhinderung einzelner Vergnügungsarten – wie z. B. Spiel – in einer Gemeinde) eine tragfähige Begründung liefern können. Zu beachten ist auch, daß die Beschränkung der Zulässigkeit auf einzelne Anlagen einen weitergehenden Eingriff in das Eigentum bedeuten kann. Andererseits kann der erforderliche Ausschluß einzelner Arten von Anlagen das mildere Mittel als der Ausschluß einer ganzen, diese Anlagen mit umfassenden Nutzungsart sein.

9   Der neu angefügte **Abs. 10** soll die Überplanung von Bestandsgebieten erleichtern. Bei der beabsichtigten Aufstellung von BP in diesen Gebieten hat sich in der Vergangenheit die abschließende Regelung der den Gemeinden zur Verfügung stehenden Baugebietstypen als ein Haupthindernis erwiesen, weil auf die angetroffenen vielfältigen Bestände oftmals keines der Baugebiete der VO paßt. Zu einem eigenen Baugebietsfindungsrecht für die Gemeinden bei der Überplanung von Bestandsgebieten, das alleine eine vollwertige Lösung des Problems hätte bringen können, hat sich der VO-Geber nicht entschlossen. Abs. 10 stellt den Versuch dar, gleichwohl Erleichterungen wenigstens in Ansätzen zu schaffen. Die Differenzierungsmöglichkeiten nach den Abs. 4–9 beschränken sich auf die in den jeweiligen Baugebietsnormen als allgemein zulässig oder ausnahmsweise zulassungsfähig aufgeführten Nutzungen. Abs. 10 vermeidet diese Beschränkung, wenn auch unter einengenden Voraussetzungen. Das Gebiet muß überwiegend bebaut sein (vgl. § 4a Rn 1). Nach dem Katalog des vorgesehenen Baugebiets (§§ 2–9) unzulässige bauliche oder sonstige Anlagen, für die im BP eine Erweiterung, Änderung, Nutzungsänderung und Erneuerung als zulässig oder ausnahmsweise zulassungsfähig festgesetzt werden soll, müssen schon vorhanden sein. Ihr planerisch erweiterter Bestandsschutz darf nicht zu einer Verschlechterung der Situation führen und muß mit den Grundsätzen in § 1 BauGB vereinbar sein. Satz 3 verlangt außerdem, daß die allgemeine Zweckbestimmung des festgesetzten Baugebiets in seinen übrigen Teilen, d. h. außerhalb der vorhandenen, gebietsfremden, aber fortentwicklungsfähigen Anlagen, gewahrt bleiben muß. Nach Satz 2 kann die Gemeinde im BP nähere Bestimmungen treffen. Dies ermöglicht z. B., die Erweiterung eines vorhandenen Betriebs von bestimmten Verbesserungen der gegebenen Immissionssituation abhängig zu machen, und so im Zeitpunkt der Aufstellung, Änderung oder Ergänzung des BP die materiellen Anforderungen an die Bauleitplanung (§ 1 Abs. 5 und 6 BauGB) einzuhalten.

§ 2 Kleinsiedlungsgebiete

(1) **Kleinsiedlungsgebiete dienen vorwiegend der Unterbringung von Kleinsiedlungen einschließlich Wohngebäuden mit entsprechenden Nutzgärten und landwirtschaftlichen Nebenerwerbsstellen.**

(2) **Zulässig sind**

1. **Kleinsiedlungen einschließlich Wohngebäude mit entsprechenden Nutzgärten, landwirtschaftliche Nebenerwerbsstellen und Gartenbaubetriebe,**

2. **die der Versorgung des Gebiets dienenden Läden, Schank- und Speisewirtschaften sowie nicht störenden Handwerksbetriebe.**

(3) **Ausnahmsweise können zugelassen werden**

1. **sonstige Wohngebäude mit nicht mehr als zwei Wohnungen,**

2. **Anlagen für kirchliche, kulturelle, soziale, gesundheitliche und sportliche Zwecke,**

3. **Tankstellen,**

4. **nicht störende Gewerbebetriebe.**

BauNVO 1977, 1968 und 1962:

(1) Kleinsiedlungsgebiete dienen vorwiegend der Unterbringung von Kleinsiedlungen und landwirtschaftlichen Nebenerwerbsstellen.

(2) Zulässig sind

1. Kleinsiedlungen, landwirtschaftliche Nebenerwerbsstellen und Gartenbaubetriebe,

2. die der Versorgung des Gebiets dienenden Läden, Schank- und Speisewirtschaften sowie nicht störenden Handwerksbetriebe.

Erläuterungen:

Die Erweiterung der allgemeinen Zweckbestimmung des Gebiets in Abs. 1 **1** soll die Funktion dieses Baugebiets präzisieren, der Unterbringung von Wohngebäuden mit größerer Landzulage, die überwiegend gartenbaumäßig genutzt wird, und den hierzu erforderlichen kleineren Stall- und Wirtschaftsgebäuden, zu dienen. Größe und Art der Betätigung müssen unterhalb der Grenze des landwirtschaftlichen Nebenerwerbsbetriebs bleiben (vgl. § 5). Der Begriff der **Kleinsiedlung** als zulässige Nutzung nach Abs. 2 Nr. 1 soll nun

ausdrücklich auch Wohngebäude mit entsprechenden, d. h. über den üblichen Hausgarten hinausgehenden, Nutzgärten mitumfassen. Das Wohngebäude kann auch eine Einliegerwohnung, der Wirtschaftsteil einen Stall für die
Haltung von Kleintieren enthalten. Bei den gleichfalls zulässigen landwirtschaftlichen Nebenerwerbsstellen ist auch Großviehhaltung in beschränktem
Umfang zulässig. Dabei ist jedoch die Grenze zum landwirtschaftlichen Betrieb besonders zu beachten. Gartenbaubetriebe bauen Kulturpflanzen an.
Als solche sind sie in allen Ausprägungen zulässig. Der Betrieb kann auch
einen Laden mitumfassen. Die Erweiterung der Baugebietsvorschrift trägt
dem tatsächlichen Wandel im Städtebau, der sich auch in den nach dieser
Vorschrift schon früher festgesetzten Baugebieten vollzogen hat, Rechnung,
nachdem sich der Verordnungsgeber entschlossen hat, an diesem Baugebietstyp überhaupt festzuhalten. Nach der ursprünglichen Zielsetzung sollte
die zum Wohngebäude in diesen Gebieten hinzutretende größere Landzulage
dem Siedler durch Selbstversorgung aus gartenbaumäßiger Nutzung eine
fühlbare Ergänzung seines sonstigen Einkommens bieten. Eine der Rechtfer-
tigungen für die Beibehaltung und Fortentwicklung des Baugebietstyps wird
weiterhin auch in seiner (behaupteten) hohen ökologischen Wertigkeit gesehen. Dies vermag zwar isoliert betrachtet zutreffen. Der im Städtebau gebotenen gesamtheitlichen Betrachtung hält diese Argumentation aber wohl nicht
stand. Wohngebiete mit geringer Siedlungsdichte führen nämlich zu verstärk-
ter flächenhafter Ausbreitung der Baugebiete und mit diesem „Flächenfraß"
zu weiterer Zersiedelung der Landschaft. Baugebiete – auch solche geringer
Dichte – „verbrauchen" die Landschaft meist endgültig, wohingegen z. B.
selbst eine ausgeräumte und derzeit übernutzte landwirtschaftliche Feldflur
vergleichsweise leicht und schnell wieder in hochwertige Biotope überführt
werden kann.

2 Die **landwirtschaftliche Nebenerwerbsstelle** (Abs. 2 Nr. 1) ist ein durch die
BauNVO geschaffener planungsrechtlicher Begriff, der auf Vorhaben ab-
zielte, wie sie in der Nachkriegszeit bei der Ansiedlung Heimatvertriebener
und aus der Landwirtschaft Verdrängter häufiger vorkamen. Er entspricht in
etwa einer Siedlerstelle der Kleinsiedlungen aber mit größerer Landzulage,
bleibt jedoch immer unterhalb der Grenze zum landwirtschaftlichen (Neben-
erwerbs-)Betrieb. **Gartenbaubetriebe** sind solche zum Anbau von Obst, Ge-
müse, Blumen sowie der Züchtung sonstiger Kulturpflanzen. Oftmals sind sie
mit Ladenverkauf verbunden, der wie andere betriebsspezifische Anlagen
(z. B. Gewächshäuser, Heizanlagen und Betriebswohngebäude) mit einge-
schlossen ist. Häufig wird es sich dabei begrifflich auch um landwirtschaftli-

che Betriebe (§ 201 BauGB) handeln, was an ihrer Zulässigkeit nichts ändert. Die nach Abs. 2 Nr. 2 zulässigen Läden, Schank- und Speisewirtschaften, sowie nicht störende Handwerksbetriebe, müssen der **Versorgung des Gebiets** dienen. Diese Beschränkung bedeutet, daß sie objektiv geeignet sein müssen, die allgemeinen Lebensbedürfnisse des in dem Gebiet lebenden Personenkreises zu befriedigen. Voraussetzung ist jedoch nicht, daß sie für das Baugebiet notwendig sind. Neben der Versorgung des festgesetzten Baugebiets darf die betreffende Anlage auch der Versorgung anderer Baugebiete dienen. Der hier verwendete Begriff des **Ladens** ist ein städtebaulicher Begriff. Er ist nicht identisch mit „Einzelhandelsbetrieb". Erfaßt sind demnach auch ladenmäßig betriebene Gewerbebetriebe, z. B. Annahmestellen von Reinigungen und Wäschereien, oder Handwerksbetriebe in Ladenform. Zum Begriff der **Schank- und Speisewirtschaften** gehören nicht Barbetriebe, Tanzlokale, Diskotheken und ähnliche Vergnügungsstätten. **Handwerksbetriebe** sind Gewerbebetriebe, die handwerksmäßig betrieben werden. Dies läßt sich im Einzelfall nur nach dem Gesamtbild des Betriebs beurteilen. Als Anhalt kann dienen, daß die handwerkliche Einzelfertigung im Gegensatz zu einer fabrikmäßigen Massenfertigung dominiert und daß der gesamte Betrieb noch auf den Betriebsinhaber mit persönlicher fachlicher Qualifikation (Handwerksmeister) ausgerichtet ist.

Abs. 3 regelt die **ausnahmsweise** zulassungsfähigen Vorhaben. Die Zulas- **3** sung der Ausnahme steht im pflichtgemäßen Ermessen der Baugenehmigungsbehörde. Sie entscheidet im Einvernehmen mit der Gemeinde (§ 36 Abs. 1 i. V. m. § 31 Abs. 1 BauGB). Maßgebend sind allein städtebauliche Gesichtspunkte, insbesondere findet keine Bedarfsprüfung statt. Es müssen aber stets Ausnahmetatbestände vorliegen. Der Umfang der Ausnahme wird durch die Funktion des Baugebiets begrenzt, sie hat sich dem Gebietscharakter unterzuordnen, so daß die Zielsetzungen des städtebaulichen Leitbildes für das Baugebiet nicht beeinträchtigt werden. Anlagen für kirchliche, kulturelle, soziale, gesundheitliche und sportliche Zwecke sind im Kleinsiedlungsgebiet (WS) – im Gegensatz zum allgemeinen Wohngebiet (WA) – nur ausnahmsweise zulassungsfähig. Dies entspricht der Zweckbestimmung des Gebiets, die nicht mit einer allgemeinen Zulassung von Standorten für derartige Anlagen vereinbar wäre, vor allem nicht für größere Anlagen ohne entsprechenden Gebietsbezug. Andererseits kann mit der ausnahmsweisen Zulassungsfähigkeit den örtlichen Besonderheiten und Erfordernissen Rechnung getragen werden. Zum Begriff der **sozialen Einrichtungen** gehören auch alle Arten heimartiger Unterbringung wie Jugend-, Obdachlosen-, Asy-

lantenheime, aber auch Aussiedlerwohnheime, soweit sie einer vorübergehenden und betreuten Unterbringung dienen. Soziale Einrichtungen sind
auch alle Arten von Fürsorge- und sozialen Betreuungseinrichtungen, auch
solche für ambulante Dienste. Ob solche Vorhaben zugelassen werden können, kann nur im Einzelfall entschieden werden.

4 Nach Nr. 4 sind nicht störende Gewerbebetriebe zulassungsfähig. **Gewerbebetrieb** ist eine selbständige, nachhaltige, d. h. auf eine gewisse Dauer angelegte Betätigung mit Gewinnabsicht. Dem Begriff unterfallen nicht die Betriebe der Urproduktion (Land- und Forstwirtschaft) und die freien Berufe i. S.
von § 13. Die BauNVO macht die Zulässigkeit von Gewerbebetrieben in den
einzelnen, unterschiedlich schutzbedürftigen Baugebieten, vom jeweiligen
Störgrad der Betriebe abhängig. Die Palette reicht von „nicht störend" bis
„belästigend" (Industriegebiet (GI)). Es handelt sich dabei nicht um absolute
Begriffe. Ihnen sind keine generell zutreffenden Werte für den Störgrad beige-
geben. Die Begriffe sind bauplanungsrechtlicher Natur und nicht etwa solche
des Immissionsschutzrechts. Der zulässige Störgrad hängt von der allgemeinen Zweckbestimmung des jeweiligen Baugebiets ab. Im allgemeinen wird
der Beurteilung der Zulässigkeit von Vorhaben die typisierende Betrachtungsweise zugrundegelegt, d. h. der jeweils zur Genehmigung gestellte Betrieb wird zunächst nicht nach seinen konkreten Einzelheiten, sondern nach
den für derartige Betriebe bei funktionsgerechter Benutzung allgemein typischen Störwirkungen beurteilt und am Baugebietstyp gemessen. Dies
schließt indessen nicht aus, daß der Antragsteller nachweist, daß sein Vorhaben vom Erscheinungsbild des betreffenden Betriebstypus abweicht; die Zulässigkeit richtet sich dann nach den konkreten Merkmalen des beantragten
Vorhabens. Dies kann zunehmend praktiziert werden, da sich die technischen
Maßnahmen und Verfahren zur Emissionsminderung erheblich erweitert haben und diese Entwicklung auch künftig fortschreiten wird. Bei Vorhaben der
Erweiterung oder Änderung bereits bestehender Betriebe ist die konkrete
Betrachtungsweise regelmäßig geboten.

§ 3   Reine Wohngebiete

(1) **Reine Wohngebiete dienen dem Wohnen.**
(2) **Zulässig sind Wohngebäude.**

(3) Ausnahmsweise können zugelassen werden
1. **Läden und nicht störende Handwerksbetriebe, die zur Deckung des täglichen Bedarfs für die Bewohner des Gebiets dienen, sowie kleine Betriebe des Beherbergungsgewerbes,**
2. **Anlagen für soziale Zwecke sowie den Bedürfnissen der Bewohner des Gebietes dienende Anlagen für kirchliche, kulturelle, gesundheitliche und sportliche Zwecke.**

(4) Zu den nach Absatz 2 sowie den §§ 2, 4 bis 7 zulässigen Wohngebäuden gehören auch solche, die ganz oder teilweise der Betreuung und Pflege ihrer Bewohner dienen.

BauNVO 1977:

(3) Ausnahmsweise können Läden und nicht störende Handwerksbetriebe, die zur Deckung des täglichen Bedarfs für die Bewohner des Gebiets dienen, sowie kleine Betriebe des Beherbergungswerbes zugelassen werden.
(4) Im Bebauungsplan kann festgesetzt werden, daß in dem Gebiet oder in bestimmten Teilen des Gebiets Wohngebäude nicht mehr als zwei Wohnungen haben dürfen.

BauNVO 1968 und 1962:

(3) wie BauNVO 1977
(4) Im Bebauungsplan kann festgesetzt werden, daß in dem Gebiet oder in bestimmten Teilen des Gebietes nur Wohngebäude mit nicht mehr als zwei Wohnungen zulässig sind.

Erläuterungen:

Nach der **Zweckbestimmung** in Abs. 1 und der einzigen allgemeinen Zulässigkeit von Wohngebäuden als Nutzung in Abs. 2 erfährt das Gebiet den vollkommensten Schutz aller Baugebiete der BauNVO gegen Störungen der Wohnruhe. In der Zweckbestimmung des Gebietes in Abs. 1 ist die frühere Bestimmung, ausschließlich dem Wohnen zu dienen, gestrichen worden. Damit und durch die erhebliche Erweiterung der ausnahmsweise zulassungsfähigen Anlagen in Abs. 3 hat der VO-Geber eine neue Bewertung dieses Baugebietstyps vorgenommen. Sie hält einerseits an der eindeutigen Dominanz der Wohnnutzung des Gebiets fest, andererseits sind nun aber auch soziale **1**

Einrichtungen sowie andere gebietsbezogene Infrastruktureinrichtungen ausnahmsweise zulassungsfähig. Reine Wohngebiete (WR) dienen dem Wohnen und unterscheiden sich daher auch künftig von allgemeinen Wohngebieten (WA), die nur vorwiegend dem Wohnen dienen. Weiterhin wird die Baugebietsbestimmung bei den Bewohnern die höchste Erwartung an die Störungsfreiheit des Wohnens wecken. Bei der Festsetzung solcher Gebiete muß die Gemeinde daher größte Sorgfalt beachten. Probleme können sich nämlich schon bei großer Baudichte nicht nur bei der störungsfreien Unterbringung notwendiger Nebenanlagen und Versorgungseinrichtungen im Gebiet selbst ergeben, sondern auch in der Zuordnung zu anderen Baugebieten und Nutzungen in der Umgebung. Die Gemeinden sollten diese Baugebietsart daher immer nur dann festsetzen, wenn diese sehr einseitige Nutzungssortierung sachgerecht ist und auch auf Dauer gewährleistet werden kann. Die Gebiete sollten nach ihrer inneren Struktur und Größe so beschaffen sein, daß der hohe Schutzanspruch des Gebiets nicht bereits von vornherein durch notwendige Infrastruktur (z. B. Verkehr) als nicht einlösbar erscheinen muß.

2 **Wohngebäude** (Abs. 2 und 4) sind bauliche Anlagen, die zum dauernden Wohnen bestimmt und geeignet sind. Wohnen ist geprägt durch die Eigengestaltung des häuslichen Wirkungskreises. Durch den neu gefaßten Abs. 4 wird klargestellt, daß zu Wohngebäuden auch solche gehören, die ganz oder teilweise der Betreuung und Pflege ihrer Bewohner dienen. Damit sind nunmehr z. B. auch sogenannte Altenpflegeheime selbständig oder als Teil von anderen Altenwohnanlagen vom Begriff des Wohnens mit umfaßt und daher allgemein zulässig. Diese Klarstellung gilt auch für den Begriff des Wohngebäudes in den anderen Baugebieten mit allgemein zulässiger Wohnnutzung. Die Klarstellung findet auch Anwendung auf den Begriff des Wohngebäudes in den bisherigen Fassungen der BauNVO. Mit seiner Klarstellung hat der VO-Geber deutlich gemacht, daß nach dem natürlichen Lebensablauf zu den verschiedenen Formen des Wohnens auch das Wohnen im Alter gehört. Betreuungs- und pflegebedürftig gewordene Menschen haben in dieser Lebensphase ihren Lebensmittelpunkt z. B. in einem Pflegeheim, das sie bewohnen. Es handelt sich dabei also nicht um eine Form der Unterbringung. Diese wird vom Begriff des Wohnens nicht umfaßt. Die Unterbringung ist gekennzeichnet durch Merkmale wie „vorübergehend" und „behelfsmäßig". Derartige Anlagen sind im WR nicht allgemein zulässig.

3 Abs. 3 ist mit der BauNVO 90 wesentlich erweitert worden. Unverändert sind nach Nr. 1 **Läden** und nicht störende **Handwerksbetriebe** nur ausnahms-

weise zulassungsfähig, wenn sie zur Deckung des **täglichen Bedarfs** für die Bewohner des Gebiets dienen. Maßgebend sind dabei allein die Bewohner des festgesetzten Gebiets. Der Begriff ist enger als „Versorgung des Gebiets" (vgl. § 2 Rn 2). Dies hat vor allem Bedeutung für die zulassungsfähige Größe der Betriebe. Dabei ist allerdings zu beachten, daß es Untergrenzen der Tragfähigkeit auch bei derartigen Läden und Handwerksbetrieben gibt. Werden diese nicht überschritten, kann der Betrieb auch von anderen als den Gebietsbewohnern in Anspruch genommen werden. Nach Nr. 2 sind nunmehr auch Anlagen für soziale Zwecke zulassungsfähig. Diese müssen nicht den Bedürfnissen der Bewohner des Gebiets dienen. Liegen im Einzelfall nach Art der Anlage oder nach Lage und Beschaffenheit des Baugrundstücks die Ausnahmevoraussetzungen vor, kann das zugelassene Vorhaben auch nicht gebietsbezogenen Bedürfnissen dienen. Dies wird z. B. bei Asylantenunterkünften und Übergangswohnheimen für Aussiedler regelmäßig der Fall sein. Dagegen sind die zulassungsfähigen Anlagen für kirchliche, kulturelle, gesundheitliche und sportliche Zwecke auf die Bedürfnisse der Bewohner des Gebiets beschränkt. Für sie gilt demnach sinngemäß das für die Anlagen nach Nr. 1 Gesagte. Auch hier kann bei Anlagen, die an der unteren Grenze des betreffenden Anlagentyps liegen, eine Mitbenutzung durch andere als Gebietsbewohner nicht ausgeschlossen werden. Durch die erfolgte Streichung des Worts „ausschließlich" in Abs. 1 kann auch eine Genehmigung mehrerer zulassungsfähiger Ausnahmen im Einzelfall nicht gegen die Zweckbestimmung des Baugebiets verstoßen. Der frühere Abs. 4 konnte entfallen, da die Beschränkung der Zahl der Wohnungen in Wohngebäuden aus besonderen städtebaulichen Gründen nunmehr nach § 9 Abs. 1 Nr. 6 BauGB festgesetzt werden kann. An seine Stelle ist als neuer Abs. 4 eine Definition des Wohngebäudes getreten (vgl. Rn 2).

§ 4   Allgemeine Wohngebiete

(1) Allgemeine Wohngebiete dienen vorwiegend dem Wohnen.

(2) Zulässig sind

1. Wohngebäude,

2. die der Versorgung des Gebiets dienenden Läden, Schank- und Speisewirtschaften sowie nicht störenden Handwerksbetriebe,

3. Anlagen für kirchliche, kulturelle, soziale, gesundheitliche und sportliche Zwecke.

(3) Ausnahmsweise können zugelassen werden
1. **Betriebe des Beherbergungsgewerbes,**
2. **sonstige nicht störende Gewerbebetriebe,**
3. **Anlagen für Verwaltungen,**
4. **Gartenbaubetriebe,**
5. **Tankstellen.**

BauNVO 1977:

(2) Zulässig sind
1. Wohngebäude,
2. die der Versorgung des Gebiets dienenden Läden, Schank- und Speise-
*   wirtschaften sowie nicht störenden Handwerksbetriebe,*
3. Anlagen für kirchliche, kulturelle, soziale und gesundheitliche Zwecke.
(3) Ausnahmsweise können zugelassen werden
1. Betriebe des Beherbergungsgewerbes,
2. sonstige nicht störende Gewerbegebiete,
3. Anlagen für Verwaltungen sowie für sportliche Zwecke,
4. Gartenbaubetriebe,
5. Tankstellen,
6. Ställe für Kleintierhaltung als Zubehör zu Kleinsiedlungen und landwirt-
*   schaftlichen Nebenerwerbsstellen; die Zulässigkeit von untergeordneten*
*   Nebenanlagen und Einrichtungen für die Kleintierhaltung nach § 14 bleibt*
*   unberührt.*
(4) Im Bebauungsplan kann festgesetzt werden, daß in bestimmten Teilen
*   des Gebiets Wohngebäude nicht mehr als zwei Wohnungen haben dürfen.*

BauNVO 1968 und 1962:

(2) wie BauNVO 1977
(3) Ausnahmsweise können zugelassen werden
1. Betriebe des Beherbergungsgewerbes,
2. sonstige nicht störende Gewerbebetriebe,
3. Anlagen für Verwaltungen sowie für sportliche Zwecke,
4. Gartenbaubetriebe,
5. Tankstellen,
6. Ställe für Kleintierhaltung als Zubehör zu Kleinsiedlungen und landwirt-
*   schaftlichen Nebenerwerbsstellen.*

(4) Im Bebauungsplan kann festgesetzt werden, daß in bestimmten Teilen des Gebietes nur Wohngebiete mit nicht mehr als zwei Wohnungen zulässig sind.

BauNVO 1968:

(5) Im Bebauungsplan kann festgesetzt werden, daß in dem Gebiet oder in bestimmten Teilen des Gebietes im Erdgeschoß nur die in Absatz 2 Nr. 2 genannten Nutzungsarten zulässig sind.

Erläuterungen:

Die Zweckbestimmung, vorwiegend dem Wohnen zu dienen, bedeutet, daß **1** die **Hauptnutzungsart Wohngebäude** sind und diese damit im Gebiet insgesamt auch zahlenmäßig dominieren. Das auch hier zu fordernde ungestörte Wohnen hat nicht den hohen Schutzgrad eines reinen Wohngebietes (WR). Dem Gebiet sind neben dem Wohnen ergänzende, nicht beeinträchtigende Nutzungsarten zugeordnet, so daß es für seine Versorgung und die Freizeitgestaltung eine eigene volle Infrastruktur haben kann. Mit der Anreicherung der nach Abs. 2 Nr. 3 allgemein zulässigen Anlagen um solche für sportliche Zwecke ist dies noch deutlicher geworden. Wie bei den anderen in Nr. 3 genannten Anlagen ist jedoch bei der Einzelzulassung auf die Vereinbarkeit mit dem Wohngebietscharakter zu achten. Großsportanlagen sind in einem allgemeinen Wohngebiet (WA) unzulässig. Der Begriff „Anlagen für sportliche Zwecke" umfaßt alle Sporteinrichtungen, gleich ob sie gewerblich, vereinsmäßig oder öffentlich betrieben werden. Im Unterschied zum WR sind hier z. B. auch Wohnheime als soziale Einrichtungen allgemein zulässig, die nicht dem Begriff des Wohnens als selbstbestimmtem dauerhaften Lebensmittelpunkt entsprechen, sondern der Unterbringung dienen (vgl. § 3 Rn 2). Pflegeheime fallen unter den Begriff des Wohngebäudes (vgl. § 3 Abs. 4, § 3 Rn 2). Die Anlagen nach Abs. 2 Nr. 2 müssen zur Versorgung des Gebiets bestimmt sein (vgl. § 2 Rn 2). Zum Begriff der Läden und nichtstörenden Handwerksbetriebe vgl. § 2 Rn 2. Bei den Anlagen der Nr. 3 kommt es nicht auf die Art des Betreibers an; öffentliche, private oder vereinsmäßig betriebene Einrichtungen sind gleichermaßen erfaßt. Die Anlagen müssen sich allerdings auch hier in den Gebietscharakter einordnen. So werden z. B. ein größerer Konzertsaal oder eine Großsporthalle schon wegen den von ihnen ausgehenden Störungen im WA nicht zulässig sein.

2 Der Begriff **Anlagen für Verwaltungen** in Abs. 3 Nr. 3 umfaßt alle Einrichtungen der öffentlichen und privaten Verwaltung, die einem selbständigen Zweck dienen. Die Zulässigkeit von Verwaltungseinrichtungen, die lediglich Zubehör zu anderen Hauptnutzungen sind, richten sich nach der Zulässigkeit der Hauptnutzung und ggfs. nach § 14. Der bisherige Abs. 4 konnte entfallen (vgl. § 3 Rn 3). Nach der nunmehr in der BauNVO abschließenden Regelung der Zulässigkeit von Vergnügungsstätten in den Baugebieten sind diese in WA auch nicht ausnahmsweise zulassungsfähig.

§ 4 a   Gebiete zur Erhaltung und Entwicklung der Wohnnutzung (besondere Wohngebiete)

(1) Besondere Wohngebiete sind überwiegend bebaute Gebiete, die aufgrund ausgeübter Wohnnutzung und vorhandener sonstiger in Absatz 2 genannter Anlagen eine besondere Eigenart aufweisen und in denen unter Berücksichtigung dieser Eigenart die Wohnnutzung erhalten und fortentwickelt werden soll. Besondere Wohngebiete dienen vorwiegend dem Wohnen; sie dienen auch der Unterbringung von Gewerbebetrieben und sonstigen Anlagen im Sinne der Absätze 2 und 3, soweit diese Betriebe und Anlagen nach der besonderen Eigenart des Gebiets mit der Wohnnutzung vereinbar sind.

(2) Zulässig sind

1. Wohngebäude,

2. Läden, Betriebe des Beherbergungsgewerbes, Schank- und Speisewirtschaften,

3. sonstige Gewerbebetriebe,

4. Geschäfts- und Bürogebäude,

5. Anlagen für kirchliche, kulturelle, soziale, gesundheitliche und sportliche Zwecke.

(3) Ausnahmsweise können zugelassen werden

1. Anlagen für zentrale Einrichtungen der Verwaltung,

2. Vergnügungsstätten, soweit sie nicht wegen ihrer Zweckbestimmung oder ihres Umfangs nur in Kerngebieten allgemein zulässig sind,

3. Tankstellen.

(4) Für besondere Wohngebiete oder Teile solcher Gebiete kann, wenn besondere städtebauliche Gründe dies rechtfertigen (§ 9 Abs. 3 des Baugesetzbuchs), festgesetzt werden, daß

1. oberhalb eines im Bebauungsplan bestimmten Geschosses nur Wohnungen zulässig sind oder
2. in Gebäuden ein im Bebauungsplan bestimmter Anteil der zulässigen Geschoßfläche oder eine bestimmte Größe der Geschoßfläche für Wohnungen zu verwenden ist.

BauNVO 1977:

(3) Ausnahmsweise können zugelassen werden
1. Anlagen für zentrale Einrichtungen der Verwaltung,
2. Vergnügungsstätten,
3. Tankstellen.
(4) Für besondere Wohngebiete oder Teile solcher Gebiete kann, wenn besondere städtebauliche Gründe dies rechtfertigen (§ 9 Abs. 3 des Bundesbaugesetzes), festgesetzt werden, daß
1. oberhalb eines im Bebauungsplan bestimmten Geschosses nur Wohnungen zulässig sind oder
2. in Gebäuden ein im Bebauungsplan bestimmter Anteil der zulässigen Geschoßfläche oder eine bestimmte Größe der Geschoßfläche für Wohnungen zu verwenden ist.

Erläuterungen:

Die Festsetzung kann nur für bereits bestehende Gebiete getroffen werden. **1** Sie müssen **überwiegend bebaut** sein. Demnach kommen nur solche in Betracht, deren Auffüllungsgrad in etwa § 34 BauGB entspricht. Sie können noch Baulücken aufweisen. Bei verschieden großen Grundstücken mit unterschiedlichen Baukomplexen, die eine zahlenmäßige Gegenüberstellung von bebaut und unbebaut sinnvoll nicht zulassen, muß für den Betrachter das Übergewicht deutlich erkennbar sein. Die einengende Voraussetzung des Bebauungszusammenhangs wird nicht verlangt. Das Gebiet muß allerdings gegen angrenzende Bereiche abgrenzbar sein. Im Gegensatz zu den anderen Baugebietstypen, für die die BauNVO feste Nutzungsbegriffe vorgibt (z. B. Sortierung der Gewerbebetriebe nach typischen Störgraden) besteht die Besonderheit hier darin, daß die zulässige Nutzung – namentlich der Gewerbebetriebe – nach der besonderen Eigenart des Bestandes aus Wohnen und sonstigen Anlagen nach Abs. 2 bestimmt werden muß. Voraussetzung ist weiter, daß die Wohnnutzung erhalten und fortentwickelt werden und als Planziel das Wohnen vorwiegen soll. Es ist nicht notwendig, daß zum Zeitpunkt der Festsetzung das Wohnen tatsächlich schon die vorwiegende Nutzung ist, aber die Erreichbarkeit des Planziels muß begründet sein. Dabei können flankierende Maßnahmen der Gemeinde im Gebiet, wie etwa zur Wohnumfeldverbesserung, einen wichtigen Anhalt bieten. Zulässige andere Anlagen, insbesondere Gewerbebetriebe, müssen noch wohnverträglich sein, aber nicht den festen Standards der Störgrade in den anderen Baugebietstypen mit allgemein zulässiger Wohnnutzung entsprechen. Der Gebietsfestsetzung sollte daher stets eine Bestandserhebung vorausgehen. Die Baugebietsnorm soll einerseits die künftige Zweckentfremdung von Wohnraum verhindern bzw. begrenzen, bei künftigen Vorhaben entsprechende Wohnanteile sicherstellen und andererseits auch die Entwicklung vorhandener anderer Nutzungen ermöglichen, ggfs. mit den erforderlichen Vorkehrungen, die dem Grundsatz der Verbesserung der Wohnverträglichkeit Rechnung tragen.

2 Nach Abs. 2 Nr. 2 sind neben den allgemein zulässigen Wohngebäuden (vgl. § 3 Rn 2) auch Läden und Schank- und Speisewirtschaften ohne Einschränkung auf die Gebietsversorgung, sowie Betriebe des Beherbergungsgewerbes ohne Größenbeschränkung zulässig. Unter **Geschäfts- und Bürogebäude** (Abs. 2 Nr. 4) fallen alle Anlagen zur Aufnahme gewerblicher Anlagen, die büromäßig betrieben werden. Der weit gefaßte Begriff schließt namentlich Dienstleistungsbetriebe aller Art ebenso wie Räume für freie Berufe und kleinere öffentliche und private Verwaltungen ein. Dagegen sind Großverwaltungen und solche, die weit über das Gebiet hinaus in Anspruch genommen werden, nur ausnahmsweise zulassungsfähig (vgl. Abs. 3 Nr. 1). Der hier verwendete Begriff der „Einrichtungen" umfaßt nicht nur Gebäude. **Vergnügungsstätten** sind nach Abs. 3 Nr. 2 nur ausnahmsweise zulassungsfähig, soweit sie nicht kerngebietstypisch sind, d. h. sie keinem großen und allgemeinen Publikum mit übergebietlichem Einzugsbereich dienen (vgl. § 7 Rn 2). Sie dürfen die Wohnruhe, insbesondere in der Abend- und Nachtzeit, nicht wesentlich stören. Im Einzelfall ist vor allem auf die Größe des Betriebs, die Art der Darbietungen, die typische Betriebszeit und Verhaltensweise der Besucher abzustellen. Ausnahmen können insbesondere in Nachbarschaft zu anderen gewerblichen Nutzungen gewährt werden.

3 Nach Abs. 4 kann über eine **vertikale Differenzierung** nach Geschossen (Nr. 1) **oder** eine Festsetzung des **Geschoßflächenanteils** der Wohnungen

an der zulässigen Geschoßfläche im Gebäude (Nr. 2) als zusätzliche Festsetzung das Planziel gesichert werden. Beide Festsetzungen können – trotz mißverständlicher Formulierung – auch kumulativ getroffen werden. Verlangt werden allerdings besondere städtebauliche Gründe. Dies müssen indessen keine besonders schwergewichtigen, sondern lediglich diese weitergehende Ausdifferenzierung rechtfertigende Gründe sein. Abs. 4 stellt eine besondere Heraushebung der schon nach § 1 Abs. 4–7 möglichen Differenzierungen dar. Dies wird für die Nr. 1 allgemein bejaht. Aber auch die Festsetzung nach Nr. 2 wäre im Ergebnis durch Festsetzungen nach § 1 erreichbar, da über die Gliederung (§ 1 Abs. 4) bzw. den Ausschluß von zulässigen oder ausnahmsweise zulassungsfähigen Nutzungen (§ 1 Abs. 5–7) in bestimmten Bereichen nur Wohnnutzung zulässig gemacht werden kann. Ist aber dieser weitergehende Eingriff in die Baufreiheit durch BP zulässig, muß auch die weniger in das Grundeigentum eingreifende Festsetzung lediglich eines GFZ-Anteils, die dem Bauherrn noch die Wahl der Plazierung des Wohnungsanteils offen läßt, möglich sein (verfassungskonforme Auslegung). Die genannte Festsetzungsmöglichkeit nach § 1 wäre allerdings nur auf das Bauland und nicht auf einzelne Gebäude zu beziehen, was indessen praktisch zum gleichen Ergebnis führen würde.

§ 5 Dorfgebiete

(1) Dorfgebiete dienen der Unterbringung der Wirtschaftsstellen land- und forstwirtschaftlicher Betriebe, dem Wohnen und der Unterbringung von nicht wesentlich störenden Gewerbebetrieben sowie der Versorgung der Bewohner des Gebietes dienenden Handwerksbetrieben. Auf die Belange der land- und forstwirtschaftlichen Betriebe einschließlich ihrer Entwicklungsmöglichkeiten ist vorrangig Rücksicht zu nehmen.
(2) Zulässig sind
1. **Wirtschaftsstellen land- und forstwirtschaftlicher Betriebe und die dazugehörigen Wohnungen und Wohngebäude,**
2. **Kleinsiedlungen einschließlich Wohngebäude mit entsprechenden Nutzgärten und landwirtschaftliche Nebenerwerbsstellen,**
3. **sonstige Wohngebäude,**
4. **Betriebe zur Be- und Verarbeitung und Sammlung land- und forstwirtschaftlicher Erzeugnisse,**

5. **Einzelhandelsbetriebe, Schank- und Speisewirtschaften sowie Betriebe des Beherbergungsgewerbes,**
6. **sonstige Gewerbebetriebe,**
7. **Anlagen für örtliche Verwaltungen sowie für kirchliche, kulturelle, soziale, gesundheitliche und sportliche Zwecke,**
8. **Gartenbaubetriebe,**
9. **Tankstellen.**
(3) Ausnahmsweise können Vergnügungsstätten im Sinne des § 4a Abs. 3 Nr. 2 zugelassen werden.

BauNVO 1977:

(1) Dorfgebiete dienen vorwiegend der Unterbringung der Wirtschaftsstellen land- und forstwirtschaftlicher Betriebe und dem dazugehörigen Wohnen; sie dienen auch dem sonstigen Wohnen.
(2) Zulässig sind
  1. Wirtschaftsstellen land- und forstwirtschaftlicher Betriebe und die dazugehörigen Wohnungen und Wohngebäude,
  2. Kleinsiedlungen und landwirtschaftliche Nebenerwerbsstellen,
  3. sonstige Wohngebäude,
  4. Betriebe zur Verarbeitung und Sammlung land- und forstwirtschaftlicher Erzeugnisse,
  5. Einzelhandelsbetriebe, Schank- und Speisewirtschaften sowie Betriebe des Beherbergungsgewerbes,
  6. Handwerksbetriebe, die der Versorgung der Bewohner des Gebiets dienen,
  7. sonstige nicht störende Gewerbebetriebe,
  8. Anlagen für örtliche Verwaltungen sowie für kirchliche, kulturelle, soziale, gesundheitliche und sportliche Zwecke,
  9. Gartenbaubetriebe,
  10. Tankstellen.

BauNVO 1968 und 1962:

(1) Dorfgebiete dienen vorwiegend der Unterbringung der Wirtschaftsstellen land- und forstwirtschaftlicher Betriebe und dem Wohnen.
(2) Zulässig sind
  1. Wirtschaftsstellen land- und forstwirtschaftlicher Betriebe,
  2. Kleinsiedlungen und landwirtschaftliche Nebenerwerbsstellen,
  3. Wohngebäude,

4. *Betriebe zur Verarbeitung und Sammlung land- und forstwirtschaftlicher Erzeugnisse,*
5. *Einzelhandelsbetriebe, Schank- und Speisewirtschaften sowie Betriebe des Beherbergungsgewerbes,*
6. *Handwerksbetriebe, die der Versorgung der Bewohner des Gebietes dienen*
7. *sonstige nicht störende Gewerbebetriebe,*
8. *Anlagen für örtliche Verwaltungen sowie für kirchliche, kulturelle, soziale, gesundheitliche und sportliche Zwecke,*
9. *Gartenbaubetriebe,*
10. *Tankstellen.*

BauNVO 1968:

(3) Die Dorfgebiete einer Gemeinde oder Teile eines Dorfgebietes können im Bebauungsplan nach der Art der zulässigen Nutzung gegliedert werden.

Erläuterungen:

Dorfgebiet (MD) i. S. der VO ist – wie bei den übrigen Baugebieten – eine **1** Funktionsbestimmung, hat also nichts mit „dörflicher Idylle" zu tun. Seine Festsetzung ist mithin an keine Gemeindegröße gebunden. Die besondere Funktion des Baugebiets liegt in der Unterbringung der land- und forstwirtschaftlichen Betriebe. Das MD ist das einzige Baugebiet der BauNVO, in dem diese zulässig sind. Der Begriff „vorwiegend" in **Abs. 1** der früheren Regelungen (BauNVO 62, 68, 77) ist entfallen; damit ist klargestellt worden, daß die Gebietsfestsetzung keineswegs von einem quantitativen Vorherrschen land- und forstwirtschaftlicher Betriebe, etwa nach Zahl oder Fläche, abhängig ist, weder im bisherigen Bestand noch als Planziel. Nach der Zweckbestimmung in Abs. 1 dienen sie auch dem Wohnen und nunmehr auch ausdrücklich der Unterbringung von Gewerbebetrieben sowie der Versorgung der Bewohner des Gebietes dienenden Handwerksbetrieben. Damit wird die Funktion des MD als ein dörfliches Mischgebiet weiter gestärkt. Es wird stärker für die Wohnnutzung sowie für Handwerk und Gewerbe geöffnet. Dies trägt dem Funktionswandel der Dörfer und ihrer zukünftigen Aufgabenstellung Rechnung. Mit dem neu eingefügten Satz 2 wird der besondere Schutz der Nutzung land- und forstwirtschaftlicher Betriebe, einschließlich ihrer Entwicklungsmöglichkeiten, noch deutlicher als bisher herausgestellt. Dies trägt dem Umstand Rechnung, daß sie ausschließlich diesem Gebietstyp zugewiesen sind. Mit dem ausdrücklichen Einbeziehen der Entwicklungsmöglichkeiten der Betriebe wird der weiterhin notwendigen Produktionsmobilität in der Landwirtschaft Rechnung getragen. Das von der Rechtsprechung entwickelte allgemeine Gebot gegenseitiger Rücksichtnahme wird hier für das MD besonders ausgeformt. Die von land- und forstwirtschaftlichen Betrieben, namentlich für das Wohnen ausgehenden typischen Störungen, müssen grundsätzlich hingenommen werden. Die Standortsicherheit der Betriebe wird erhöht. Sie sollen durch Abs. 1 Satz 2 z. B. gegen heranrückende Wohnbebauung, mit der Folge eventueller zusätzlicher Anforderungen an den Betrieb aus Gründen des Immissionsschutzes, besser abgesichert werden.

2   Der Katalog zulässiger Nutzungen in **Abs. 2** entspricht, namentlich auch mit seinen erfolgten Erweiterungen, der Funktion des Gebiets als dörfliches Mischgebiet. Der Begriff der Wirtschaftsstelle in Abs. 2 Nr. 1 umfaßt alle betriebsnotwendigen Anlagen und Einrichtungen für die land- und forstwirtschaftlichen Betriebe, also insbesondere Stallungen, Dunglegen, Scheunen, Remisen, Silos, aber auch die zugehörigen Wohnungen bzw. Wohngebäude. Der hier verwendete Begriff des **landwirtschaftlichen Betriebs** ist nicht deckungsgleich mit dem Landwirtschaftsbegriff in § 201 BauGB, wie sich schon aus den besonderen Regelungen zur Zulässigkeit von Gartenbaubetrieben in der BauNVO ergibt (vgl. § 2 Rn 2). Landwirtschaftliche Betriebe sind Betriebe, bei denen unter fachkundiger Leitung durch Bodenbewirtschaftung pflanzliche Erzeugnisse und durch mit der Bodennutzung unmittelbar oder mittelbar verbundene Tierhaltung ggfs. auch tierische Erzeugnisse in einem Umfang gewonnen werden, der zumindest eine wesentliche Erwerbsgrundlage für den Betreiber darstellt, bzw. nachhaltig erwarten läßt. Es ist mithin entscheidend auf die Bodenertragsnutzung abzustellen. In der Tierhaltung kann dies bei den betriebswirtschaftlich notwendigen Anpassungszwängen in der heutigen Landwirtschaft jedoch nicht bedeuten, daß etwa das in Mastbetrieben erforderliche Futter überwiegend vom Betrieb selbst erzeugt werden müßte. Vielmehr kann der Betrieb durch Verkauf von anderweitigen unmittelbaren Bodenerträgen im Wege eines betriebswirtschaftlich sinnvollen Güteraustausches die Mittel für den Erwerb speziellen Mastfutters beschaffen. Dies gilt entsprechend auch für die Pensionstierhaltung, die das BauGB – bei überwiegend eigener Futtergrundlage – der Landwirtschaft zuordnet (§ 201 BauGB). Wird dagegen Tierintensivhaltung ohne entsprechende Acker- und Weideflä-che betrieben, handelt es sich nicht mehr um eine Wirtschaftsstelle eines

landwirtschaftlichen Betriebs, sondern um einen Gewerbebetrieb. Da der zulässige Störgrad von Betrieben nicht absolut festgelegt, sondern stets baugebietsabhängig ist, kommt es bei der Zulassung derartiger Gewerbebetriebe darauf an, ob sie im MD wesentlich stören (vgl. Abs. 2 Nr. 6). Da das MD durch die Tierhaltung, als einem elementaren Bestandteil landwirtschaftlicher Betriebe, wesentlich mitbestimmt wird, ist auch gewerbliche Tierhaltung insoweit zulässig, als sie den gebietsspezifischen Störgrad nicht übersteigt; § 15 ist im Einzelfall zu beachten. Nach Nr. 5 sind Einzelhandelsbetriebe, Schank- und Speisewirtschaften ohne Einschränkung auf die Gebietsversorgung, sowie Betriebe des Beherbergungsgewerbes ohne Größenbeschränkung zulässig. **Einzelhandelsbetriebe** sind Verkaufsstellen zum Verkauf an jedermann, sie sind durch die unmittelbare Beziehung zum Endverbraucher gekennzeichnet. Außer den üblichen Läden erfaßt der Begriff z. B. auch den Versandhandel und geht insoweit weiter als der Begriff der Läden (§ 2 Rn 2). Die bisherigen Vorschriften in Nr. 6 und 7 über Handwerksbetriebe, die ja auch Gewerbebetriebe sind, und Gewerbebetriebe sind in der neuen Nr. 6 zusammengefaßt worden. Der zulässige Störgrad sonstiger Gewerbebetriebe ist mit dem des Mischgebietes (MI), das wie das MD neben dem Wohnen auch der gewerblichen Nutzung dient, gleichgestellt worden. Mit dieser klarstellenden Anhebung des zulässigen Störgrades der Gewerbebetriebe dürften sich die bislang bestehenden Abgrenzungsprobleme zwischen den verschiedenen Nutzungen unterschiedlichen Störgrads (z. B. landwirtschaftliche Betriebe – Gewerbebetriebe – Handwerksbetriebe – Betriebe nach Nr. 5) als Vorfrage für die Zulässigkeitsentscheidung verringern. Die allgemeine Zulässigkeit nicht wesentlich störender Gewerbebetriebe ist, auch im Blick auf zulässige Emissionen landwirtschaftlicher Betriebe, sachgerecht. Zur Störwirkung und Typisierung vgl. § 2 Rn 3. Schon bislang waren MD und MI im Immissionsschutzrecht (z. B. TA Lärm) und bei den Planungsgrundsätzen (DIN 18005 – Schallschutz im Städtebau –) gleich behandelt worden. Die der Versorgung der Bewohner des Gebiets dienenden Handwerksbetriebe, wie z. B. Schreinereien, Schlossereien, Schmieden oder Landmaschinenwerkstätten, sind weiterhin ohne typisierende Beschränkung ihres Störgrads zulässig. Eine Beschränkung ergibt sich aber aus der geforderten dienenden Funktion für das Gebiet. Trotz dieses Funktionsbezugs werden indessen störende Handwerksbetriebe kleinster Größenordnung i. R. ihrer freien Kapazitäten auch Aufträge von außerhalb des Baugebiets übernehmen können.

Der neu angefügte **Abs. 3** trägt der nunmehr abschließenden Regelung der **3** Zulässigkeit von Vergnügungsstätten in den Baugebieten der BauNVO Rechnung. Im MD können Vergnügungsstätten i. S. v. § 4a Abs. 3 Nr. 2 nur noch ausnahmsweise zugelassen werden (vgl. § 4a Rn 2). Damit besteht z. B. in ländlichen Gemeinden, die über keine MK verfügen, die Möglichkeit, im Einzelfall in den erheblich durch Gewerbe und Dienstleistung geprägten Teilen des MD kleinere Vergnügungsstätten unterzubringen.

§ 6 Mischgebiete

(1) Mischgebiete dienen dem Wohnen und der Unterbringung von Gewerbebetrieben, die das Wohnen nicht wesentlich stören.
(2) Zulässig sind
1. Wohngebäude,
2. Geschäfts- und Bürogebäude,
3. Einzelhandelsbetriebe, Schank- und Speisewirtschaften sowie Betriebe des Beherbergungsgewerbes,
4. sonstige Gewerbebetriebe,
5. Anlagen für Verwaltungen sowie für kirchliche, kulturelle, soziale, gesundheitliche und sportliche Zwecke,
6. Gartenbaubetriebe,
7. Tankstellen,
8. Vergnügungsstätten im Sinne des § 4a Abs. 3 Nr. 2 in den Teilen des Gebiets, die überwiegend durch gewerbliche Nutzungen geprägt sind.
(3) Ausnahmsweise können Vergnügungsstätten im Sinne des § 4a Abs. 3 Nr. 2 außerhalb der in Absatz 2 Nr. 8 bezeichneten Teile des Gebiets zugelassen werden.

BauNVO 1977:

(3) Ausnahmsweise können Ställe für Kleintierhaltung als Zubehör zu Kleinsiedlungen und landwirtschaftlichen Nebenerwerbsstellen zugelassen werden; die Zulässigkeit von untergeordneten Nebenanlagen und Einrichtungen für die Kleintierhaltung nach § 14 bleibt unberührt.

BauNVO 1968 und 1962:

(3) Ausnahmsweise können Ställe für Kleintierhaltung als Zubehör zu Kleinsiedlungen und landwirtschaftlichen Nebenerwerbsstellen zugelassen werden.

(4) Im Bebauungsplan kann festgesetzt werden, daß in dem Gebiet oder in bestimmten Teilen des Gebietes im Erdgeschoß nur die in Absatz 2 Nr. 3 genannten Nutzungsarten sowie sonstige Läden zulässig sind.

Erläuterungen:

Mischgebiete (MI) dienen nach ihrer Zweckbestimmung dem Wohnen und **1** der Unterbringung von das Wohnen nicht wesentlich störenden Gewerbebetrieben. Ihre Festsetzung ist nicht auf Bestandsgebiete beschränkt. Besteht ein Bedarf für die Unterbringung der genannten Nutzung, so kann sich die Gemeinde im Rahmen ihres Planungsermessens auch für die Neufestsetzung solcher Gebiete entscheiden, solange eine geordnete städtebauliche Entwicklung im Gemeindegebiet gewahrt bleibt (vgl. dagegen § 4a). Es ist auch kein bestimmtes Mischungsverhältnis der verschiedenen Nutzungen vorgeschrieben. Nur in Extremfällen kann die eine oder andere Nutzungsart (Wohnen oder Gewerbe) im Einzelfall unzulässig werden, wenn mit der Realisierung des beantragten Vorhabens eine völlig einseitige Nutzungsstruktur faktisch festgeschrieben würde. Dies dürfte indessen selten der Fall sein, da der BP über die erstmalige Bebauung in seinem Geltungsbereich hinaus Geltung besitzt und auch spätere Veränderungen im Gebiet zu steuern hat. Auch bei deutlichem Überwiegen von einer der beiden Hauptnutzungen liegt kein Verstoß gegen den BP vor; die (Erst)- Realisierung bleibt dann lediglich hinter den mit dem BP eröffneten Nutzungsmöglichkeiten zurück, spätere Veränderung bleibt möglich. Bei der Genehmigung von Vorhaben in MI ist daher im allgemeinen keine vorherige Erhebung der bereits im Gebiet genehmigten Nutzungen erforderlich. In Rechtsprechung und Literatur vertretene gegenteilige Auffassungen beruhen auf einer Überbetonung des Dogmas strikter Nutzungstrennung, das im Nachkriegsstädtebau ebenso zu Fehlentwicklungen einseitiger Entmischung (Arbeits- und Wohngettos) geführt hat, wie in früheren Zeiten eine totale Nutzungsmischung. Das MI hat den Vorteil großer Nutzungsvielfalt, die in geeigneten Fällen auch voll ausgeschöpft werden sollte. Dies entspricht auch einer verfassungskonformen Auslegung, die es gebietet, möglichst weitgehende Baufreiheit zu belassen. MI haben eine wichtige Funktion für kleinere Gemeinden, die möglicherweise über kein MK verfügen und auch kein derartiges Gebiet festsetzen. Hier wird ein als MI festgesetzter Ortskern häufig die zentralen Versorgungseinrichtungen für die Gemeinde aufnehmen. Die Festsetzung eines MK sollte nicht etwa deshalb vorgenommen werden, weil die BauNVO für MK ein höheres Maß der baulichen Nutzung vorsieht. Die VO läßt nämlich bei entsprechender Begründung die Festsetzung eines höheren Nutzungsmaßes in den Baugebieten zu (vgl. § 17 Abs. 2 und 3).

2   Zu den Einzelhandelsbetrieben des **Abs. 2** Nr. 3 (vgl. § 5 Rn 2) können im MI auch Warenhäuser und sonstige großflächige Einzelhandelsbetriebe sowie sonstige großflächige Handelsbetriebe gehören, solange sie nicht den Einschränkungen des § 11 Abs. 3 unterliegen. Die neue Nr. 8 und Abs. 3 tragen der nunmehr abschließenden Regelung der Zulässigkeit von Vergnügungsstätten Rechnung. Nach Nr. 8 sind nicht kerngebietstypische (vgl. § 4 a Rn 2) Vergnügungsstätten in den überwiegend durch gewerbliche Nutzung geprägten Teilen des MI allgemein zulässig. Eine derartige Prägung setzt voraus, daß in dem betreffenden Gebietsteil die überwiegende, d. h. die Mehrzahl der Grundstücke bereits gewerblich genutzt wird. Im Gebietsteil muß eine gewerbliche Prägung deutlich vorherrschen. Einzelne gewerblich genutzte Grundstücke in einem ansonsten noch weitgehend unbebauten Gebiet, vermögen eine solche Prägung nicht zu bewirken. Vergnügungsstätten sind dann nicht allgemein zulässig. In den nicht überwiegend gewerblich geprägten Teilen des MI können Vergnügungsstätten im Einzelfall nur ausnahmsweise nach Abs. 3 zugelassen werden. Maßgeblich sind allein städtebauliche Gründe (vgl. § 2 Rn 3). In einem noch wenig bebauten MI kommt die Zulassung einer Vergnügungsstätte nur ausnahmsweise in Sondersituationen in Betracht.

§ 7   Kerngebiete

(1) Kerngebiete dienen vorwiegend der Unterbringung von Handelsbetrieben sowie der zentralen Einrichtungen der Wirtschaft, der Verwaltung und der Kultur.
(2) Zulässig sind
1. Geschäfts-, Büro- und Verwaltungsgebäude,
2. Einzelhandelsbetriebe, Schank- und Speisewirtschaften, Betriebe des Beherbergungsgewerbes und Vergnügungsstätten,

3. sonstige nicht wesentlich störende Gewerbebetriebe,
4. Anlagen für kirchliche, kulturelle, soziale, gesundheitliche und sportliche Zwecke,
5. Tankstellen im Zusammenhang mit Parkhäusern und Großgaragen,
6. Wohnungen für Aufsichts- und Bereitschaftspersonen sowie für Betriebsinhaber und Betriebsleiter,
7. sonstige Wohnungen nach Maßgabe von Festsetzungen des Bebauungsplans.

(3) Ausnahmsweise können zugelassen werden
1. Tankstellen, die nicht unter Absatz 2 Nr. 5 fallen,
2. Wohnungen, die nicht unter Absatz 2 Nr. 6 und 7 fallen.

(4) Für Teile eines Kerngebiets kann, wenn besondere städtebauliche Gründe dies rechtfertigen (§ 9 Abs. 3 des Baugesetzbuchs), festgesetzt werden, daß
1. oberhalb eines im Bebauungsplan bestimmten Geschosses nur Wohnungen zulässig sind oder
2. in Gebäuden ein im Bebauungsplan bestimmter Anteil der zulässigen Geschoßfläche oder eine bestimmte Größe der Geschoßfläche für Wohnungen zu verwenden ist.

Dies gilt auch, wenn durch solche Festsetzungen dieser Teil des Kerngebiets nicht vorwiegend der Unterbringung von Handelsbetrieben sowie der zentralen Einrichtungen der Wirtschaft, der Verwaltung und der Kultur dient.

BauNVO 1977:

(1) Kerngebiete dienen vorwiegend der Unterbringung von Handelsbetrieben sowie der zentralen Einrichtungen der Wirtschaft und der Verwaltung.
(2) Zulässig sind
1. Geschäfts-, Büro- und Verwaltungsgebäude,
2. Einzelhandelsbetriebe, Schank- und Speisewirtschaften, Betriebe des Beherbergungsgewerbes und Vergnügungsstätten,
3. sonstige nicht störende Gewerbebetriebe,
4. Anlagen für kirchliche, kulturelle, soziale und gesundheitliche Zwecke,
5. Tankstellen im Zusammenhang mit Parkhäusern und Großgaragen,
6. Wohnungen für Aufsichts- und Bereitschaftspersonen sowie für Betriebsinhaber und Betriebsleiter,
7. sonstige Wohnungen oberhalb eines im Bebauungsplan bestimmten Geschosses.

§ 7   Kerngebiete

(4) Für Teile eines Kerngebiets kann, wenn besondere städtebauliche Gründe dies rechtfertigen (§ 9 Abs. 3 des Bundesbaugesetzes), festgesetzt werden, daß

1. oberhalb eines im Bebauungsplan bestimmten Geschosses nur Wohnungen zulässig sind oder

2. in Gebäuden ein im Bebauungsplan bestimmter Anteil der zulässigen Geschoßfläche oder eine bestimmte Größe der Geschoßfläche für Wohnungen zu verwenden ist.

Dies gilt auch, wenn durch solche Festsetzungen dieser Teil des Kerngebiets nicht vorwiegend der Unterbringung von Handelsbetrieben sowie der zentralen Einrichtungen der Wirtschaft und Verwaltung dient.

BauNVO 1968:

(1) Kerngebiete dienen vorwiegend der Unterbringung von Handelsbetrieben sowie der zentralen Einrichtungen der Wirtschaft und der Verwaltung.

(2) Zulässig sind

1. Geschäfts-, Büro- und Verwaltungsgebäude,

2. Einzelhandelsbetriebe, Schank- und Speisewirtschaften, Betriebe des Beherbergungsgewerbes und Vergnügungsstätten,

3. sonstige nicht störende Gewerbebetriebe,

4. Anlagen für kirchliche, kulturelle, soziale und gesundheitliche Zwecke,

5. Tankstellen im Zusammenhang mit Parkhäusern und Großgaragen,

6. Wohnungen für Aufsichts- und Bereitschaftspersonen sowie für Betriebsinhaber und Betriebsleiter,

7. sonstige Wohnungen oberhalb eines im Bebauungsplan bestimmten Geschosses.

(4) Im Bebauungsplan kann festgesetzt werden, daß in dem Gebiet oder in bestimmten Teilen des Gebiets in Geschossen, die an begehbaren Verkehrsflächen liegen, nur die in Absatz 2 Nr. 2 genannten Nutzungsarten sowie sonstige Läden zulässig sind.

(5) Die Kerngebiete einer Gemeinde oder Teile eines Kerngebiets können im Bebauungsplan nach der Art der zulässigen Nutzung gegliedert werden. Absatz 4 bleibt unberührt.

BauNVO 1962:

(1) Kerngebiete dienen vorwiegend der Unterbringung von Handelsbetrieben sowie der zentralen Einrichtungen der Wirtschaft und der Verwaltung.
(2) Zulässig sind
1. Geschäfts-, Büro- und Verwaltungsgebäude,
2. Einzelhandelsbetriebe, Schank- und Speisewirtschaften, Betriebe des Beherbergungsgewerbes und Vergnügungsstätten,
3. sonstige nicht störende Gewerbebetriebe,
4. Anlagen für kirchliche, kulturelle, soziale und gesundheitliche Zwecke,
5. Tankstellen,
6. Wohnungen für Aufsichts- und Bereitschaftspersonen sowie für Betriebsinhaber und Betriebsleiter.
(3) Ausnahmsweise können Wohnungen, die nicht unter Absatz 2 Nr. 6 fallen, zugelassen werden.
(4) fehlte.

Erläuterungen:

Die Kerngebiete (MK) sind nach ihrer Zweckbestimmung die Zentren städtischen Lebens, des Wirtschaftslebens, der Dienstleistungen sowie der Einrichtungen und Anlagen der Freizeitgestaltung. Neben den schon bislang in **Abs. 1** genannten zentralen Einrichtungen der Wirtschaft und Verwaltung sind nun klarstellend auch die zentralen Einrichtungen für Kultur ausdrücklich aufgeführt. Neben den Vergnügungsstätten haben auch Einkaufszentren und großflächige Einzelhandelsbetriebe ihren Standort im MK, soweit für sie keine speziellen Sondergebiete nach § 11 Abs. 3 ausgewiesen werden. Soweit derartige Anlagen nach älteren BP (BauNVO 62, 68) in Gewerbegebieten (GE) und Industriegebieten (GI) noch zulässig sind, besteht meist ein Planungserfordernis zur Anpassung an das neue Recht (vgl. auch § 1 Abs. 4 BauGB). Zwar ist die Wohnnutzung in der Beschreibung des Gebietscharakters in Abs. 1 nicht genannt; gleichwohl ist die Zulässigkeit von Wohnungen in den neueren Fassungen der BauNVO zunehmend erweitert worden. Wohnnutzung unterliegt naturgemäß den kerngebietstypischen Belastungen, was indessen nicht gegen ihre Zulassung spricht. Häufig werden die zulässigen sonstigen Wohnungen als kleinere Wohnungen mit gut ausgebauten Hausdiensten errichtet werden, so daß sie insbesondere für Berufstätige ohne Familien sehr geeignet und insgesamt sehr funktionsgerecht sein können. **1**

Geographisches Institut
der Universität Kiel
Neue Universität

49

Dies kann bei der Ausbildung der Wohninfrastruktur im Gebiet berücksichtigt werden. Die Festsetzung von MK ist keineswegs auf bereits bestehende Zentren beschränkt. Vielmehr ist sie – wie bei anderen Baugebietsarten – an den städtebaulichen Erfordernissen und den sich hieraus ableitenden Planungszielen auszurichten. Bei beabsichtigten entsprechenden Standortaufwertungen im Bestand oder der Neufestsetzung in bisher unbebauten Gebieten sind allerdings insoweit an die Begründung höhere Anforderungen zu stellen als bei der Überplanung bereits bestehender „Citylagen". Beabsichtigte hohe Baudichte ist für sich allein noch kein Motiv für eine MK-Festsetzung. Maßgebend ist vielmehr die Funktion des Gebiets nach der Zweckbestimmung in Abs. 1. Soll das Gebiet eine hiervon abweichende Zweckbestimmung haben, ist ein passendes anderes Baugebiet mit in begründeten Fällen höherem Nutzungsmaß festzusetzen (vgl. § 17 Abs. 2). Andererseits hält die BauNVO gerade für MK ein hohes Nutzungsmaß bereit. Dies trägt der Tatsache Rechnung, daß die besondere Funktion dieses Gebietstyps mit seinen vielfältigen Fühlungsvorteilen regelmäßig auch eine hohe Bebauungsdichte voraussetzt.

2 Neben den schon in anderen Baugebieten genannten Geschäfts- und Bürogebäuden sind in **Abs. 2** Nr. 1 auch **Verwaltungsgebäude** als weiterer Begriff aufgeführt. Entsprechend der Funktion des MK sind hier insbesondere alle überörtlichen Verwaltungen des öffentlichen und privaten Bereichs, mithin also auch Großverwaltungen, allgemein zulässig. Mit der Neufassung der BauNVO ist eine abschließende Regelung der Zulässigkeit von **Vergnügungsstätten** in den Baugebieten erfolgt. Danach sind die größeren Vergnügungsstätten, die einem allgemeinen Publikum zu dienen bestimmt sind und einen dementsprechend größeren Einzugsbereich haben, allgemein in die MK und ausnahmsweise in GE verwiesen mit der Folge, daß sie in den anderen Baugebieten grundsätzlich unzulässig sind. „Vergnügungstätten" (Abs. 2 Nr. 2) ist ein städtebaurechtlicher Begriff, der gewerbliche Anlagen und Betriebe bestimmter Art zusammenfaßt. Die Vergnügungssteuerpflichtigkeit kann allenfalls als Anhalt dienen. Es bedarf daher der Abgrenzung gegenüber anderen Anlagen mit im Einzelfall scheinbar verwandten Darbietungen, namentlich im Bereich der Anlagen für Kultur oder sportliche Zwecke. Vergnügungsstätten sprechen als Hauptzweck bestimmte Triebe und Bedürfnisse an, dienen der Zerstreuung und der animierenden Unterhaltung. Häufig sind sie primär auf männliche Besucher ausgerichtet. Meist geht eine Belästigung der Funktion des Wohnens mit ihrem Betrieb einher, wobei sich diese oft nicht aus dem Betrieb im Innern der Anlage selbst, sondern aus den Auswirkungen

im Umfeld ergibt. Bei der Entscheidung über die Zulässigkeit ist auch auf die Wertvorstellungen und Empfindungen der „normalen Wohnbürger" abzustellen. Typische Beispiele sind Nachtlokale, Nachtbars, Sexdarbietungen, Spiel- und Automatenhallen sowie Spielcasinos. Mit der nunmehr abschließenden Regelung der Vergnügungsstätten in der BauNVO unterfallen derartige Anlagen nicht mehr den – nach Störgraden abgestuften – sonstigen Gewerbebetrieben, so daß sich die Zulässigkeit oder ausnahmsweise Zulassungsfähigkeit nur noch nach der speziellen Regelung der jeweiligen Baugebietsnorm richtet.

Die Bezeichnung des zulässigen Störgrads von Gewerbebetrieben in Abs. 1 **3** Nr. 3 ist dem der MI angeglichen worden. Dies trägt dem Mischgebietscharakter des MK und der Tatsache Rechnung, daß die Zulässigkeit nicht wesentlich störender Gewerbebetriebe in der Regel keine über die in diesen Gebieten ohnedies typischerweise gegebene Immissionssituation hinausgehenden Störungen hineintragen wird. Letztlich trägt auch diese klarstellende Erweiterung der Zulässigkeitsregelungen zur größeren Nutzungsvielfalt im MK bei und verbessert damit nicht zuletzt seine Brauchbarkeit auch für kleinere Gemeinden. Mit der Aufnahme der Anlagen für sportliche Zwecke in Abs. 2 Nr. 4 werden diese den schon bisher dort genannten Infrastruktureinrichtungen gleichgestellt. Art und Umfang zulässiger Sportanlagen sind auch hier im Einzelfall am Baugebietstyp zu messen. Es bleibt dabei, daß MK auch dem sonstigen Wohnen dienen können. Wie bisher ist es allerdings Voraussetzung, daß die Gemeinde durch Festsetzung im BP sonstige Wohnungen ausdrücklich zuläßt (Abs. 2 Nr. 7). Die Neufassung erweitert diese Möglichkeit insofern, als Wohnungen nicht mehr nur in Obergeschossen, sondern auch als ganze Wohnhäuser zulässig gemacht werden können. Dies kann insbesondere bei einer weitergehenden Differenzierung, z. B. Gliederung des Gebiets nach § 1, Bedeutung haben. Dabei muß aber die allgemeine Zweckbestimmung des Baugebiets stets gewahrt bleiben. Trifft die Gemeinde im BP keine Festsetzung nach Abs. 2 Nr. 7, können Wohnungen nur ausnahmsweise nach **Abs. 3** Nr. 2 im Einzelfall zugelassen werden. **Abs. 4** gibt die Möglichkeit, in einem Teil des MK durch Festsetzung im BP einen bestimmten – auch hohen – Anteil von Wohnnutzung sicherzustellen. Zum Begriff der besonderen städtebaulichen Gründe vgl. § 1 Rn 8. Abs. 4 Satz 2 stellt klar, daß für diesen Teil des MK die eigentliche Zweckbestimmung des Baugebiets (Handelsbetriebe, zentrale Einrichtungen) hinter dem Wohnen zurücktreten darf.

§ 8   Gewerbegebiete

(1) Gewerbegebiete dienen vorwiegend der Unterbringung von nicht erheblich belästigenden Gewerbebetrieben.

(2) Zulässig sind

1. Gewerbebetriebe aller Art, Lagerhäuser, Lagerplätze und öffentliche Betriebe,
2. Geschäfts-, Büro- und Verwaltungsgebäude,
3. Tankstellen,
4. Anlagen für sportliche Zwecke.

(3) Ausnahmsweise können zugelassen werden

1. Wohnungen für Aufsichts- und Bereitschaftspersonen sowie für Betriebsinhaber und Betriebsleiter, die dem Gewerbebetrieb zugeordnet und ihm gegenüber in Grundfläche und Baumasse untergeordnet sind,
2. Anlagen für kirchliche, kulturelle, soziale und gesundheitliche Zwecke,
3. Vergnügungsstätten.

BauNVO 1977:

(1) Gewerbegebiete dienen vorwiegend der Unterbringung von nicht erheblich belästigenden Gewerbebetrieben.

(2) Zulässig sind

1. *Gewerbebetriebe aller Art, Lagerhäuser, Lagerplätze und öffentliche Betriebe, soweit diese Anlagen für die Umgebung keine erheblichen Nachteile oder Belästigungen zur Folge haben können,*
2. *Geschäfts-, Büro- und Verwaltungsgebäude,*
3. *Tankstellen.*

(3) Ausnahmsweise können zugelassen werden

1. *Wohnungen für Aufsichts- und Bereitschaftspersonen sowie für Betriebsinhaber und Betriebsleiter,*
2. *Anlagen für kirchliche, kulturelle, soziale, gesundheitliche und sportliche Zwecke.*

BauNVO 1968:

(1) wie BauNVO 1977

(2) Zulässig sind

1. *Gewerbebetriebe aller Art mit Ausnahme von Einkaufszentren und Verbrauchermärkten im Sinne des § 11 Abs. 3, Lagerhäuser, Lagerplätze und öffentliche Betriebe, soweit diese Anlagen für die Umgebung keine erheblichen Nachteile oder Belästigungen zur Folge haben können,*
2. *Geschäfts-, Büro- und Verwaltungsgebäude,*
3. *Tankstellen.*

(3) wie BauNVO 1977

(4) Die Gewerbegebiete einer Gemeinde oder Teile eines Gewerbegebiets können im Bebauungsplan nach der Art der Betriebe und Anlagen und deren besonderen Bedürfnissen und Eigenschaften gegliedert werden.

BauNVO 1962:

(1) Wie BauNVO 1977

(2) Zulässig sind

1. *Gewerbebetriebe aller Art, Lagerhäuser, Lagerplätze und öffentliche Betriebe, soweit diese Anlagen für die Umgebung keine erheblichen Nachteile oder Belästigungen zur Folge haben können,*
2. *Geschäfts-, Büro- und Verwaltungsgebäude,*

(3) wie BauNVO 1977

(4) Die Gewerbegebiete einer Gemeinde oder Teile eines Gewerbegebiets können im Bebauungsplan nach der Art der Betriebe und Anlagen gegliedert werden.

Erläuterungen:

Nach der Funktionsbestimmung des Baugebiets sind im Gewerbegebiet (GE) **1** alle Arten von Gewerbebetrieben zulässig, soweit sie für die Umgebung keine erheblichen Nachteile oder Belästigungen zur Folge haben können. Dies ergibt sich aus der Einschränkung des zulässigen Störgrads der Betriebe in Abs. 1. Von Industriegebieten (GI) unterscheiden sie sich vor allem durch den geringeren Grad zulässiger Störungen. Außerdem sind im GE, im Gegensatz zum GI, auch Geschäfts-, Büro- und Verwaltungsgebäude allgemein zulässig. Der Begriff „Gewerbebetrieb" ist weit zu fassen. Hierunter fallen auch

Handwerksbetriebe und alle Betriebsformen gewerblicher Art, einschl. Einzelhandel, Läden, Beherbergungsgewerbe, gewerbliche Garagen und dgl. Unter den Begriff der Gewerbebetriebe aller Art fallen nach der Neuregelung auch nicht mehr diejenigen Sportanlagen, die gewerblich betrieben werden, da die BauNVO nunmehr – wie bei den Vergnügungsstätten – eine abschließende Regelung der Zulässigkeit von „Anlagen für sportliche Zwecke" enthält und zwar unabhängig davon, ob sie gewerblich, öffentlich oder vereinsmäßig betrieben werden. Die Zulässigkeit richtet sich mithin nach den jeweiligen Bestimmungen über Anlagen für sportliche Zwecke in den einzelnen Baugebietsnormen. Unberührt bleiben allerdings die bisherigen Regelungen in bereits rechtsverbindlichen BP, denen frühere Fassungen der BauNVO zugrundeliegen. Hier wurde unterschieden nach der allgemeinen Zulässigkeit gewerblich betriebener Sportanlagen als Gewerbebetriebe nach Abs. 2 Nr. 1 und Anlagen für Gemeinbedarfszwecke, z. B. für sportliche und gesundheitliche Zwecke (nach Abs. 3 Nr. 2 frühere Fassungen), die nur ausnahmsweise zulassungsfähig waren. Nach Abs. 2 Nr. 4 sind nunmehr im GE Anlagen für sportliche Zwecke allgemein zulässig. Dies trägt den städtebaulichen Bedürfnissen Rechnung. Mit weiter zunehmender Freizeit gehören Sportanlagen zu den Wachstumsbranchen der gewerblichen Wirtschaft. Die Gemeinden sollten sie nur bei gewichtigen Gründen im einzelnen Planungsfall einschränken oder ausschließen. Dies umsomehr, weil sich z. B. auch brachfallende Hallen ehemaliger Betriebe des produzierenden Gewerbes gerade für Sportanlagen durchaus gut eigenen können. Für eine Unterbringung im GE können insbesondere eine Minimierung der Störwirkung gegenüber allgemeiner Wohnnutzung sowie die Ausnutzung der Verkehrsinfrastruktur (Straßen und Parkierungsanlagen) von GE außerhalb der allgemeinen Arbeitszeit sprechen, in denen Sport als Freizeitbetätigung hauptsächlich betrieben wird.

Neben den Gewerbebetrieben aller Art sind nach Abs. 2 Nr. 1 auch Lagerhäuser und Lagerplätze allgemein zulässig. Lagerplätze sind selbständige und unselbständige bauliche Anlagen zum Lagern von Gegenständen jeglicher Art; erfaßt sind auch nichtgewerbliche Anlagen. Öffentliche Betriebe sind den Gewerbebetrieben gleichgestellt. Damit sind sie einerseits ebenfalls allgemein zulässig, andererseits aber auch den gleichen Einschränkungen hinsichtlich des zulässigen Störgrades unterworfen. Auf die Rechtsform des „öffentlichen Betriebs" kommt es nicht an; Versorgungsbetriebe haben sogar häufig die Privatrechtsform. Der Zusatz in der bisherigen Regelung in Abs. 2 Nr. 1 „soweit diese Anlagen für die Umgebung keine erheblichen Nachteile oder Belästigungen zur Folge haben können", ist im Blick auf die eindeutige Beschränkung des Störgrads auf „nicht erheblich belästigende Betriebe" entfallen. Er war entbehrlich. Eine inhaltliche Änderung ist damit nicht verbunden.

Zu den Gewerbebetrieben aller Art gehören auch Einzelhandelsbetriebe. **2** Sieht man von einer evtl. Einschränkung im Einzelfall nach § 15 ab, waren sie nach der BauNVO 62 ohne Branchen- und Größenbeschränkung, nach der BauNVO 68 mit Ausnahme von Einkaufszentren und Verbrauchermärkten mit vorwiegend übergemeindlicher Versorgung zulässig (vgl. § 11 Abs. 3). Diese Regelungen gelten mit den unter der jeweiligen BauNVO zustande gekommenen BP fort. Hier wird jedoch meist ein Planungserfordernis zur Anpassung an das neue Recht bestehen, zum einen aus § 1 Abs. 4 BauGB, was die überörtlichen Auswirkungen, zum anderen entsprechend der BauNVO 77, was die städtebaulichen Auswirkungen betrifft. In den BP ab der BauNVO 77 sind Einzelhandelsbetriebe als Gewerbebetriebe im Sinne des Abs. 2 Nr. 1 nur noch nach Maßgabe der Einschränkung des § 11 Abs. 3 dieser Fassungen zulässig (vgl. dort). Unterhalb der Grenze der Großflächigkeit (nach der Rechtsprechung des BVerwG bei etwa 700 m^2 Verkaufsfläche) bleiben sie indessen zulässig, wenn die Gemeinde im BP Einzelhandelsbetriebe nicht gem. § 1 Abs. 9 unter besonderer städtebaulicher Begründung einschränkt oder ausschließt (vgl. § 1 Rn 8). Die in Abs. 2 Nr. 2 aufgeführten Geschäfts-, Büro- und Verwaltungsgebäude sind auch als selbständige Anlagen zulässig. Nach der Zweckbestimmung des GE, vorwiegend der Unterbringung von nicht erheblich belästigenden Gewerbebetrieben zu dienen (Abs. 1), kommt allerdings die Errichtung selbständiger Großverwaltungen nicht in Betracht (vgl. § 7 Rn 2). Soweit Büro- und Verwaltungsgebäude als Nebenanlagen zu gewerblichen Produktionsbetrieben gehören, sind sie schon von Abs. 2 Nr. 1 mit umfaßt und zulässig. Sie können auch Räume für freie Berufe i. S. v. § 13 aufnehmen.

Wohnungen nach **Abs. 3** Nr. 1 können nur nach den Betriebserfordernissen **3** zugelassen werden und sind damit von der generellen Unzulässigkeit von Wohnungen im GE ausgenommen. Die zulassungsfähigen Wohnungen sind funktionsbezogen für Personen, die besondere Verantwortung für den Betrieb tragen, wie Betriebsinhaber und -leiter oder Aufsichts- und Bereitschaftspersonen, die für die Sicherheit und kurzfristige Wartung der Anlagen verfügbar sein müssen. Die Wohnungen können auch in einem selbständigen Gebäude untergebracht werden, das allerdings in der Regel in enger räumlicher Zuordnung zu den Betriebsanlagen und auch auf dem Betriebsgrundstück zu errichten ist. Befindet es sich ausnahmsweise auf einem selbständigen Grundstück, muß die funktionelle Zugehörigkeit zum Betriebsgrundstück durch Baulast gesichert werden. Die privilegierten Betriebswohnungen bzw. -wohngebäude müssen dem Gewerbebetrieb in Grundfläche und Baumasse untergeordnet sein. Die Zulassung einer stattlichen Villa für den Inhaber eines Gewerbebetriebs mit nur kleinsten Betriebsgebäuden kommt demnach nicht in Betracht. Die Umwandlung einer Wohnung nach Abs. 3 Nr. 1 in eine sonstige (nicht privilegierte) Wohnung stellt eine genehmigungspflichtige, aber in der Regel nicht genehmigungsfähige Nutzungsänderung dar. Wird eine privilegierte Wohnung indessen zeitweise nicht für den privilegierten Zweck benötigt, kann eine anderweitige – sonstige – Bewohnung geduldet werden; sie muß jedoch bei Bedarf wieder für den privilegierten Zweck zur Verfügung stehen. Die neue Nr. 3 regelt die ausnahmsweise Zulassungsfähigkeit von Vergnügungsstätten. Dabei kann es sich auch um kerngebietstypische handeln, d. h. um solche, die einem großen und allgemeinen Publikum zu dienen bestimmt sind. Damit besteht keine Einschränkung der Anlagen nach Größe und Einzugsbereich, wenn im Einzelfall die Ausnahmevoraussetzungen vorliegen. Diese werden vor allem in der Lage und Beschaffenheit des betreffenden Baugrundstücks zu suchen sein. Die Regelung hat Bedeutung für Gemeinden aller Größenordnungen, wenn es z. B. um die Unterbringung einer Großdiskothek geht, die wegen der verkehrlichen Anforderungen und wegen ihrer Störwirkung selbst in einem MK schwer unterzubringen ist. In kleineren Gemeinden, insbesondere im ländlichen Raum, die über kein MK verfügen, können z. B. größere Diskotheken mit einem größeren Einzugsbereich nur im Wege der Ausnahme im GE untergebracht werden. Bei fehlendem MK können auch kleinere Anlagen oftmals besser im GE untergebracht werden als im gewachsenen Ortskern, der einem MI oder MD entspricht. Dabei hat die Gemeinde die Möglichkeit zur bauleitplanerischen Steuerung. Sie kann durch Festsetzung im BP Vergnügungsstätten im GE oder in Teilen des GE nach § 1 Abs. 6 allgemein zulassen oder durch eine Gliederung nach § 1 Abs. 4 bestimmte, hierfür besonders geeignete Flächen der Nutzung durch Vergnügungsstätten vorbehalten. Sie kann nach § 1 Abs. 9 beim Vorliegen besonderer städtebaulicher Gründe auch festsetzen, daß nur bestimmte Arten von Vergnügungsstätten zulässig sind.

§ 9 Industriegebiete

(1) Industriegebiete dienen ausschließlich der Unterbringung von Gewerbebetrieben, und zwar vorwiegend solcher Betriebe, die in anderen Baugebieten unzulässig sind.

(2) Zulässig sind

1. Gewerbebetriebe aller Art, Lagerhäuser, Lagerplätze und öffentliche Betriebe,

2. Tankstellen.

(3) Ausnahmsweise können zugelassen werden

1. Wohnungen für Aufsichts- und Bereitschaftspersonen sowie für Betriebsinhaber und Betriebsleiter, die dem Gewerbebetrieb zugeordnet und ihm gegenüber in Grundfläche und Baumasse untergeordnet sind,

2. Anlagen für kirchliche, kulturelle, soziale, gesundheitliche und sportliche Zwecke.

BauNVO 1968:

(2) Zulässig sind
1. Gewerbebetriebe aller Art mit Ausnahme von Einkaufszentren und Verbrauchermärkten im Sinne des § 11 Abs. 3, Lagerhäuser, Lagerplätze und öffentliche Betriebe,
2. Tankstellen.
(3) unverändert
(4) Die Industriegebiete einer Gemeinde oder Teile eines Industriegebiets können im Bebauungsplan nach der Art der Betriebe und Anlagen und deren besonderen Bedürfnissen und Eigenschaften gegliedert werden.

BauNVO 1962:

(2) Zulässig sind
1. Gewerbebetriebe aller Art, Lagerhäuser, Lagerplätze und öffentliche Betriebe,
2. Tankstellen.
(3) unverändert
(4) Die Industriegebiete einer Gemeinde oder Teile eines Industriegebiets können im Bebauungsplan nach der Art der Betriebe und Anlagen gegliedert werden.

Erläuterungen:

1 Industriegebiete (GI) dienen ausschließlich der Unterbringung von Gewerbebetrieben und zwar vorwiegend solcher, die in anderen Baugebieten unzulässig sind. Hier finden demnach gerade Großbetriebe ihren Standort, die wegen ihrer Emissionen, insbesondere Lärm- und Luftverunreinigungen, in anderen Baugebieten nicht zugelassen werden können. Der Störgrad im GI ist unbegrenzt. Eine Beschränkung liegt allerdings dort, wo in Extremfällen Betriebe wegen ihrer nachteiligen Wirkungen auf die Umgebung überhaupt nicht in einem allgemeinen Baugebiet untergebracht werden können, sondern in den Außenbereich oder in ein speziell festgesetztes Sondergebiet (SO) verwiesen sind (§ 35 Abs. 1 Nr. 5 BauGB). Beispiele wären Munitionsfabriken, Tierkörperbeseitigungsanstalten und dgl. Entsprechend der Zweckbestimmung des GI sind auch die im Gewerbegebiet (GE) (§ 8 Abs. 2 Nr. 2) zugelassenen Geschäfts-, Büro- und Verwaltungsgebäude als selbständige Anlagen hier unzulässig. Büros von Verwaltungen als Bestandteil eines gewerblichen Unternehmens sind dagegen von diesen mit umfaßt und im Gebiet zulässig, auch dann, wenn sie in einem selbständigen Gebäude untergebracht werden. Allgemein zulässig sind nach Abs. 2 Nr. 1 „Gewerbebetriebe aller Art". Das bedeutet, daß hier alle Arten von Gewerbebetrieben unabhängig von ihrem Störgrad zulässig sind, also auch solche, von denen keine oder nur geringe Störungen ausgehen und die mithin auch in anderen Baugebieten zulässig wären. Dem steht jedenfalls solange nichts entgegen, als sie noch nicht überwiegen und damit die allgemeine Zweckbestimmung des GI nicht verletzt wird. Will die Gemeinde dagegen das Gebiet oder Teile des Gebiets z. B. bestimmten Betrieben des produzierenden Gewerbes vorbehalten, muß sie gem. § 1 Abs. 4 ff. entsprechend differenzierende Festsetzungen im BP treffen. Zulässig sind auch Lager und öffentliche Betriebe (vgl. § 8 Rn 1). Zu den Gewerbebetrieben gehören auch Einzelhandelsbetriebe. Letztere unterliegen indessen den gleichen Einschränkungen wie im GE (vgl. § 8 Rn 2).

2 Wie im GE sind auch hier nach Abs. 3 Nr. 1 funktionsbezogene Wohnungen zulässig (vgl. § 8 Rn 3). An ihre Zulassung sind strenge Anforderungen zu stellen, da sich aus der Wohnnutzung leicht unerwünschte Restriktionen für die Errichtung oder Erweiterung von ansonsten in ihrer Störwirkung unbegrenzten Gewerbebetrieben ergeben können. Nach der nunmehr abschließenden Regelung der Zulässigkeit von Vergnügungsstätten und Anlagen für sportliche Zwecke in der BauNVO sind erstere im GI unzulässig, letztere nur ausnahmsweise zulassungsfähig. Sie fallen nicht mehr unter Gewerbebetriebe aller Art.

§10 Sondergebiete, die der Erholung dienen

(1) Als Sondergebiete, die der Erholung dienen, kommen insbesondere in Betracht
Wochenendhausgebiete,
Ferienhausgebiete,
Campingplatzgebiete.

(2) Für Sondergebiete, die der Erholung dienen, sind die Zweckbestimmung und die Art der Nutzung darzustellen und festzusetzen. Im Bebauungsplan kann festgesetzt werden, daß bestimmte, der Eigenart des Gebiets entsprechende Anlagen und Einrichtungen zur Versorgung des Gebiets und für sportliche Zwecke allgemein zulässig sind oder ausnahmsweise zugelassen werden können.

(3) In Wochenendhausgebieten sind Wochenendhäuser als Einzelhäuser zulässig. Im Bebauungsplan kann festgesetzt werden, daß Wochenendhäuser nur als Hausgruppen zulässig sind oder ausnahmsweise als Hausgruppen zugelassen werden können. Die zulässige Grundfläche der Wochenendhäuser ist im Bebauungsplan, begrenzt nach der besonderen Eigenart des Gebiets, unter Berücksichtigung der landschaftlichen Gegebenheiten festzusetzen.

(4) In Ferienhausgebieten sind Ferienhäuser zulässig, die aufgrund ihrer Lage, Größe, Ausstattung, Erschließung und Versorgung für den Erholungsaufenthalt geeignet und dazu bestimmt sind, überwiegend und auf Dauer einem wechselnden Personenkreis zur Erholung zu dienen. Im Bebauungsplan kann die Grundfläche der Ferienhäuser, begrenzt nach der besonderen Eigenart des Gebiets, unter Berücksichtigung der landschaftlichen Gegebenheiten festgesetzt werden.

(5) In Campingplatzgebieten sind Campingplätze und Zeltplätze zulässig.

§ 10 Sondergebiete, die der Erholung dienen

BauNVO 1968 und 1962: *Wochenendhausgebiete*

In Wochenendhausgebieten sind ausschließlich Wochenendhäuser als Einzelhäuser zulässig. Ihre Grundfläche ist im Bebauungsplan, begrenzt nach der besonderen Eigenart des Gebietes unter Berücksichtigung der landschaftlichen Gegebenheiten, festzusetzen.

Erläuterungen:

1 Die anstelle der gebotenen Streichung des § 10 mit der BauNVO 77 erfolgte wesentliche Erweiterung dieser Gebietsvorschrift mit der Normierung weiterer Sondergebiets-Unterfälle, neben dem des Wochenendhausgebiets (BauNVO 62 und 68), ist bedauerlicherweise in die BauNVO 1990 übernommen worden. Die Forderung nach einer Streichung des § 10 und seine Überführung in § 11 hat sich wiederum nicht durchsetzen lassen. Der Versuch, einzelne sondergebietliche Erholungsnutzungen normieren zu wollen, steht in Widerspruch zum Grundgedanken des Sondergebiets (SO), dessen Wesen es gerade ist, daß nicht der VO-Geber, sondern die planende Gemeinde nach den örtlichen Gegebenheiten und Erfordernissen, unter Beachtung einer geordneten städtebaulichen Entwicklung, die konkreten Bestimmungen über die Art der baulichen Nutzung trifft. Die in Abs. 3 bis 5 enthaltenen Regelungen müssen zwangsläufig in Ansätzen steckenbleiben, weil sie wegen der großen Vielfalt auch für diese Unterfälle keine abschließende Nutzungsbestimmung treffen können. Der VO-Geber hat hier in der Praxis Entwickeltes und bereits weithin Umgesetztes eingesammelt und normiert. Dies ist ein Musterbeispiel dafür, daß nicht zukunftsorientierte Regelungen getroffen werden, die innovative Entwicklungen ermöglichen und steuern, sondern im Gegenteil durch nachvollziehende Festschreibung künftige Entwicklungen eher behindert werden. Daß der Vorschlag seinerzeit von den Ländern kam, ändert hieran nichts.

2 Die SO des § 10 sind eingegrenzt auf Freizeitwohngelegenheiten für Erholungszwecke. Hierdurch sind sie von den „sonstigen SO" nach § 11 abgegrenzt, was im Einzelfall allerdings Schwierigkeiten bereiten kann. Die Herauslösung der § 10-Gebiete aus den SO allgemein schafft unnötige und zusätzliche Probleme für die Planungspraxis. So sind z. B. sog. Gartenhausgebiete nicht als SO nach § 10 sondern als (sonstige) SO nach § 11 mit entsprechender Zweckbestimmung festzusetzen, wenn die Gartenhäuser neben der

Unterbringung von Gerätschaften nur zum vorübergehenden Aufenthalt bestimmt und die Übernachtung ausgeschlossen sein soll. Es fehlt ihnen nämlich dann ersichtlich an einer Wohneignung, so daß sie nicht unter § 10 fallen können, auch wenn die Gartengrundstücke vorwiegend der Freizeit und Erholung dienen. Auch die einfachen Erschließungsanlagen derartiger Gebiete werden eine Wohnnutzung nicht erlauben. Für die Festsetzung von SO, die der Erholung dienen, besteht vielerorts ein erheblicher Bedarf. Mit wachsender Freizeit und dem verbreiteten Wunsch nach Erholung vom Arbeitsalltag wird bei anhaltendem Wohlstand die Nachfrage noch zunehmen. Wilder Bebauung und damit einhergehender Zersiedelung der freien Landschaft kann letztlich nur durch eine bauleitplanerische Kanalisierung dieses Bedarfs erfolgversprechend begegnet werden. In Abs. 1 sind einige gängige Formen von Freizeitwohngelegenheiten aufgeführt, die in den nachfolgenden Absätzen mit weiterer (Teil-) Regelungen weiter ausgeformt werden. Die Aufzählung ist nicht abschließend. Die Gemeinden können daher auch andere SO, die der Erholung dienen, d. h. die Erholungseignung mit spezifischen Wohnformen verbinden, entwickeln und festsetzen. Wie bei allen SO können hier allerdings nicht etwa beliebige Nutzungskombinationen zur Durchbrechung der Baugebietskataloge der BauNVO und ihrer zulässigen Differenzierungsvorschriften festgesetzt werden. Die Besonderheit der § 10-Gebiete ergibt sich vielmehr aus der Erholungsfunktion, nach der sich auch die Zusammenstellung der zulässigen und ausnahmsweise zulassungsfähigen Anlagen im einzelnen BP bestimmt. Insoweit unterscheiden sie sich von den übrigen Baugebieten der BauNVO.

Nach **Abs. 2** sind die Zweckbestimmung und die Art der baulichen Nutzung **3** darzustellen (FNP) und festzusetzen (BP). Dies ergibt sich für den BP schon aus dem Erfordernis der Bestimmtheit und Eindeutigkeit der Norm. Der Ortsgesetzgeber muß die Regelungen selbst treffen, die bei den Baugebieten der §§ 2–9 in Gestalt der allgemeinen Zweckbestimmung und der abschließenden Nutzungsregelung durch den VO-Geber bestimmt sind. Voraussetzung dafür ist eine von diesen abweichende Eigenart. Nach dieser Eigenart kann die Gemeinde entsprechende Anlagen und Einrichtungen zur Versorgung des Gebiets als allgemein zulässig oder ausnahmsweise zulassungsfähig festsetzen. Sie muß es jedoch nicht. Dies trägt den unterschiedlichen Situationen, in denen derartige SO festgesetzt werden können, Rechnung. Liegt das Gebiet z. B. am Ortsrand, kann eine eigene Versorgungsinfrastruktur weder notwendig noch, z. B. im Blick auf die angestrebte Stärkung der innerörtlichen Versorgungsanlagen, zweckmäßig sein. Anders dürfte dies jedoch bei von den

Ortsteilen abgesetzten Gebieten zu beurteilen sein. Die Gemeinden haben hier im Rahmen ihres Planungsermessens einen weiteren Gestaltungsspielraum. Ebenso können sie in derartigen SO die Zulässigkeit von Anlagen für sportliche Zwecke regeln. Hier gilt das für die übrige Infrastruktur Gesagte entsprechend. In der Begründung zum BP wird die Gemeinde stets das Erfordernis zur Ausweisung des Gebiets und die Vertretbarkeit der von ihr festgesetzten Nutzungsregelung darzulegen haben. Außerdem hat sie die Vereinbarkeit der Ausweisung mit dem Grundsatz eines sparsamen und schonenden Umgangs mit Grund und Boden (§ 1 Abs. 5 BauGB) darzutun. Von erheblicher Bedeutung für die Zulässigkeit der Ausweisung derartiger Gebiete sind meist auch die jeweiligen landesplanerischen Vorgaben (z. B. Gemeinde mit Erholungsfunktionen oder Lage in einer Entwicklungsachse im Verdichtungsraum mit entsprechenden Flächenrestriktionen).

4   Abs. 3 trifft (Teil-) Reglungen für Wochenendhausgebiete. Diese sind gesetzlich nicht definiert. Sie haben sich in der Praxis entwickelt und sind insbesondere gekennzeichnet durch einen zeitlich begrenzten Aufenthalt, der allerdings tatsächlich meist nicht immer auf Wochenenden beschränkt bleibt. Er kann sich – in bestimmten Lebensabschnitten des Besitzers – durchaus auch auf einen längeren Aufenthalt erstrecken. Entscheidend ist daher bei den einzelnen Festsetzungen, auf die Zweckbestimmung und die hieraus resultierende Ausgestaltung des Gebiets abzustellen. Dazu gehört eine größenmäßige Beschränkung der Gebäude, die ein Dauerwohnen, wenn nicht für sich alleine verhindert, so doch nicht nahelegt. Auf die u. U. großen Grundstücke bezogene Relationszahlen wie GRZ und GFZ sind hierfür wenig geeignet. Abs. 3 verlangt daher die Festsetzung der zulässigen Grundfläche der Wochenendhäuser. Hier haben sich in der Praxis Flächen zwischen 40 und 60 m² herausgebildet. Wesentlich für eine Sicherung der Zweckbestimmung des Gebiets ist auch eine hinter allgemeinen Wohngebieten deutlich zurückbleibende Ausgestaltung der Erschließungsanlagen, wobei allerdings eine Grundausstattung (Elektrizität, Wasser, Abwasser), namentlich auch eine geordnete Abwasserbeseitigung, unverzichtbar sind. Nach Abs. 3 Satz 1 sind Wochenendhäuser als Einzelhäuser zu errichten. Satz 2 läßt die Festsetzung im BP zu, daß nur Hausgruppen zulässig sind oder diese ausnahmsweise zugelassen werden können. Trifft der BP keine derartige Festsetzung bedeutet dies, daß nur Einzelhäuser zulässig sind. Eine Festsetzung über die gleichzeitige allgemeine Zulässigkeit von Einzelhäusern und Hausgruppen ist demnach ausgeschlossen. Nicht erwähnt werden in der Vorschrift Doppelhäuser. Sie müssen hier unter dem Begriff der Hausgruppe subsummiert werden. Es ist nämlich kein Grund ersichtlich, aus dem der VO-Geber diese Hausform hätte ausschließen wollen. Ganz im Gegenteil stellt die Form des Doppelhauses eine für derartige Gebiete günstige Möglichkeit zum gebotenen sparsamen Landverbrauch bei gleichzeitiger Gewährleistung der erwünschten Individualität für die Nutzer dar. Wochenendhausgebiete sind außerordentlich flächenextensiv und daher kritisch zu beurteilen. Viele Gemeinden haben dies nach großzügigen Ausweisungen in den vergangenen Jahrzehnten auch erkannt und sind zu Recht sehr zurückhaltend geworden. Das Gebot eines sparsamen und schonenden Umgangs mit Grund und Boden (§ 1 Abs. 5 BauGB) stellt diese Form des Freizeitwohnens für eine breite Anwendung noch weitergehend in Frage. Die weit verbreitete Argumentation, die dünn besidelten Wohngebieten, z. B. im Vergleich mit intensiv landwirtschaftlich genutzten Flächen, einen besonders hohen ökologischen Wert zuweist verkennt, daß besiedelte Flächen mehr oder weniger endgültig „verbraucht" sind, wohingegen durch Landwirtschaft ausgeräumte und übernutzte freie Feldflur sich jederzeit und vergleichsweise leicht und schnell in echte Biotope zurückverwandeln läßt. Diesem fundamentalen Irrtum ist offenbar auch der VO-Geber bei der Erhaltung und Fortentwicklung des Kleinsiedlungsgebiets (WS) (§ 2 Rn 1) und den erweiterten Vorschriften in § 19 Abs. 4 aufgesessen.

Sehr viel intensiver und flächensparender lassen sich die Ferienhausgebiete **5** nach **Abs. 4** nutzen. Sie stellen einen zeitgemäßen und vielseitiger einsetzbaren Typus des Freizeitwohnens dar. Aus diesem Grunde werden derartige Gebiete – im Gegensatz zur stark rückläufigen Tendenz bei der Ausweisung von Wochenendhausgebieten – von den Gemeinden, namentlich in den Fremdenverkehrsregionen, häufiger festgesetzt. Die Eigenart dieser Gebiete mit touristisch genutzten Freizeitwohngelegenheiten liegt einmal in ihrer Erholungseignung und zum anderen in ihrer Bestimmung, überwiegend und auf Dauer einem wechselnden Personenkreis zu Erholungszwecken zur Verfügung zu stehen. Es ist auch bei Einzeleigentum an einzelnen Wohnungen erforderlich, sie etwa über die Gemeinde oder eine Trägergesellschaft vertraglich einer auf Dauer angelegten Vermietung an wechselnde Erholungssuchende zuzuführen. Das überwiegende „dienen" läßt indessen durchaus zu, daß ein Eigentümer einen längeren Zeitraum des Jahres – auch zusammenhängend – seine Wohnung selbst nutzt. Der Zeitraum der Vermietung muß jedoch überwiegen. „Überwiegend" bedeutet auch, daß einzelne Wohnungen für die zum Betrieb der Anlage (z. B. Vermietungsgesellschaft, Versorgungseinrichtungen) gehörenden Personen im Gebiet zulässig sind. Dauerwohnen z. B. auch in Form von Altersruhesitzen und dgl. ist dagegen unzulässig.

§ 10   Sondergebiete, die der Erholung dienen

Entsprechend ihrer Größe, Lage und besonderen Zweckbestimmung sind in den Gebieten die notwendigen Versorgungsanlagen und funktionsbezogenen Einrichtungen, wie z. B. Anlagen für sportliche Zwecke, festzusetzen. Bedingt durch die intensive Nutzung der Gebiete werden sie im allgemeinen Erschließungsanlagen voraussetzen, die nicht hinter denen eines allgemeinen Wohngebiets (WA) zurückbleiben. Wie beim Wochenendhausgebiet kann im Bedarfsfalle die Grundfläche der Ferienhäuser im BP festgesetzt werden, z. B. bei Ferienbungalows. Da die Vorschrift in Abs. 4 keine abschließende inhaltliche Regelung für Ferienhausgebiete darstellt, kann – und sollte – der Plangeber gem. Abs. 2 die Zweckbestimmung und Art der Nutzung des Gebiets möglichst konkret festsetzen. Dies läßt in begründeten Fällen auch die Festsetzung der höchstzulässigen Wohnungsgröße als Merkmal der besonderen Nutzungsart und Zweckbestimmung zu.

6 Campingplatzgebiete nach **Abs. 5** sind bauliche Anlagen und unterfallen § 29 BauGB. Das Campingwesen hat sich zu immer komfortablerem Freizeitwohnen entwickelt und ist gekennzeichnet durch Anlagen, die frei beweglich sind und deren Standort leicht verändert werden kann. Dem entsprechen Zelte und im Straßenverkehr zugelassene Wohnanhänger und Wohnmobile. Camping- und Zeltplätze haben neben der funktionsgerechten Erschließung der einzelnen Standplätze eine weitergehende bauliche Infrastruktur (Waschanlagen, WC, Wasserzapfstellen, Abwasser- und Abfallbeseitigungsanlagen), zu der auch – je nach Lage und Größe des Gebiets – Anlagen für sportliche Zwecke, zur Freizeitgestaltung, der Versorgung des Gebiets dienende Läden, Gaststätten und dgl. gehören können. Die Zweckbestimmung sowie die zulässigen und ausnahmsweise zulassungsfähigen Anlagen sind im BP festzusetzen. Mit der Zuweisung dieser SO zu den Baugebieten der BauNVO unterscheiden sie sich von Zeltplätzen nach § 9 Abs. 1 Nr. 15 BauGB, die als Grünflächen festgesetzt werden. Deren Funktion besteht primär in der für Grünflächen im Städtebau vorrangigen Aufgabenerfüllung (z. B. Freihaltebereiche, Durchgrünung und Gliederung des Siedlungsbereichs, Frischluftgebiete, Luftaustauschbahnen usw.). Neben dieser städtebau-funktionellen Aufgabe wird ihnen die gelegentliche und zeitlich begrenzte Aufnahme von Zeltlagern zugewiesen.

§ 11   Sonstige Sondergebiete

(1) Als sonstige Sondergebiete sind solche Gebiete darzustellen und festzusetzen, die sich von den Baugebieten nach den §§ 2 bis 10 wesentlich unterscheiden.

(2) Für sonstige Sondergebiete sind die Zweckbestimmung und die Art der Nutzung darzustellen und festzusetzen. Als sonstige Sondergebiete kommen insbesondere in Betracht Gebiete für den Fremdenverkehr, wie Kurgebiete und Gebiete für die Fremdenbeherbergung,
Ladengebiete,
Gebiete für Einkaufszentren und großflächige Handelsbetriebe,
Gebiete für Messen, Ausstellungen und Kongresse,
Hochschulgebiete,
Klinikgebiete,
Hafengebiete,
Gebiete für Anlagen, die der Erforschung, Entwicklung oder Nutzung erneuerbarer Energien, wie Wind- und Sonnenenergie, dienen.

(3) 1. Einkaufszentren,
  2. großflächige Einzelhandelsbetriebe, die sich nach Art, Lage oder Umfang auf die Verwirklichung der Ziele der Raumordnung und Landesplanung oder auf die städtebauliche Entwicklung und Ordnung nicht nur unwesentlich auswirken können,
  3. sonstige großflächige Handelsbetriebe, die im Hinblick auf den Verkauf an letzte Verbraucher und auf die Auswirkungen den in Nummer 2 bezeichneten Einzelhandelsbetrieben vergleichbar sind,

sind außer in Kerngebieten nur in für sie festgesetzten Sondergebieten zulässig. Auswirkungen im Sinne des Satzes 1 Nr. 2 und 3 sind insbesondere schädliche Umwelteinwirkungen im Sinne des § 3 des Bundes-Immissionsschutzgesetzes sowie Auswirkungen auf die infrastrukturelle Ausstattung, auf den Verkehr, auf die Versorgung der Bevölkerung im Einzugsbereich der in Satz 1 bezeichneten Betriebe, auf die Entwicklung zentraler Versorgungsbereiche in der Gemeinde oder in anderen Gemeinden, auf das Orts- und Landschaftsbild und auf den Naturhaushalt. Auswirkungen im Sinne des Satzes 2 sind bei Betrieben nach Satz 1 Nr. 2 und 3 in der Regel anzunehmen, wenn die Geschoßfläche 1200 m² überschreitet. Die Regel des Satzes 3 gilt nicht, wenn Anhaltspunkte dafür bestehen, daß Auswirkungen bereits bei weniger als 1200 m² Geschoßfläche vorliegen oder bei mehr als 1200 m² Geschoßfläche nicht vorlie-

gen; dabei sind in bezug auf die in Satz 2 bezeichneten Auswirkungen insbesondere die Gliederung und Größe der Gemeinde und ihrer Orts-teile, die Sicherung der verbrauchernahen Versorgung der Bevölkerung und das Warenangebot des Betriebs zu berücksichtigen.

BauNVO 1977:

(2) Für sonstige Sondergebiete sind die Zweckbestimmung und die Art der Nutzung darzustellen und festzusetzen. Als sonstige Sondergebiete kommen insbesondere in Betracht
Kurgebiete,
Ladengebiete,
Gebiete für Einkaufszentren und großflächige Handelsbetriebe,
Gebiete für Messen, Ausstellungen und Kongresse,
Hochschulgebiete,
Klinikgebiete,
Hafengebiete.
(3) 1. Einkaufszentren,
*   2. großflächige Einzelhandelsbetriebe, die sich nach Art, Lage oder Um-fang auf die Verwirklichung der Ziele der Raumordnung und Landespla-nung oder auf die städtebauliche Entwicklung und Ordnung nicht nur unwesentlich auswirken können.*
*   3. sonstige großflächige Handelsbetriebe, die im Hinblick auf den Verkauf an letzte Verbraucher und auf die Auswirkungen den in Nummer 2 be-zeichneten Einzelhandelsbetrieben vergleichbar sind,*
sind außer in Kerngebieten nur in für sie festgesetzten Sondergebieten zuläs-sig. Auswirkungen im Sinne des Satzes 1 Nr. 2 und 3 sind insbesondere schädliche Umwelteinwirkungen im Sinne des § 3 des Bundes-Immissions-schutzgesetztes vom 15. März 1974 (BGBl. I S. 721, 1193), zuletzt geändert durch Artikel 45 des Gesetzes vom 14. Dezember 1976 (BGBl. I S. 3341), so-wie Auswirkungen auf die infrastrukturelle Ausstattung, auf den Verkehr, auf die Versorgung der Bevölkerung im Einzugsbereich der in Satz 1 bezeichne-ten Betriebe, auf die Entwicklung zentraler Versorgungsbereiche in der Ge-meinde oder in anderen Gemeinden, auf das Orts- und Landschaftsbild und auf den Naturhaushalt. Auswirkungen im Sinne des Satzes 2 sind bei Betrie-ben nach Satz 1 Nr. 2 und 3 in der Regel anzunehmen, wenn die Geschoßflä-che 1500 qm überschreitet.

BauNVO 1968:

(1) Als Sondergebiete sind solche Gebiete darzustellen und festzusetzen, die sich von den Baugebieten nach den §§ 2 bis 10 wesentlich unterscheiden.
(2) Für Sondergebiete ist die Art der Nutzung entsprechend ihrer Zweckbestimmung darzustellen und festzusetzen.
(3) Einkaufszentren und Verbrauchermärkte, die außerhalb von Kerngebieten errichtet werden sollen und die nach Lage, Umfang und Zweckbestimmung vorwiegend der übergemeindlichen Versorgung dienen sollen, sind als Sondergebiete darzustellen und festzusetzen.

BauNVO 1962:

(1) Als Sondergebiete dürfen nur solche Gebiete dargestellt und festgesetzt werden, die sich nach ihrer besonderen Zweckbestimmung wesentlich von den Baugebieten nach §§ 2 bis 10 unterscheiden, wie Hochschul-, Klinik-, Kur-, Hafen- oder Ladengebiete.
(2) Für Sondergebiete ist die Art der Nutzung entsprechend ihrer besonderen Zweckbestimmung darzustellen und festzusetzen.
(3) fehlte

Erläuterungen:

Während sich die Sondergebiete (SO) nach § 10 durch die ihnen in der VO **1** zugewiesene Erholungsfunktion von den Baugebieten der §§ 2–9 unterscheiden, ist eine vergleichbare, feste Funktionszuweisung in § 11 nicht erfolgt. Dies konnte durch die erwünschte vielfältige Ausgestaltungsmöglichkeit für unterschiedliche Sonderfälle in der VO auch nicht erfolgen. **Abs. 1** verlangt daher die Darstellung (FNP) und Festsetzung (BP) sonstiger SO, wenn sich ein Gebiet wesentlich von den Baugebieten der §§ 2–10 unterscheiden soll. So werden oftmals Anlagen zugelassen, die für sich alleine auch in anderen Baugebieten zulässig oder ausnahmsweise zulassungsfähig wären. Der wesentliche Unterschied zu anderen Baugebieten liegt meist in der besonderen funktionellen Verbindung verschiedener Anlagen, die zu einem bestimmten Zweck organisatorisch zusammengefaßt werden müssen. Sie werden in der Regel gemeinsam geplant und betrieben. Nicht zulässig wäre dagegen, in einem SO, in Umgehung der Baugebietstypen der §§ 2–9, eine nicht vorgesehene Mischnutzung aus diesen festzusetzen, der es an einer begründeten funktionellen, betrieblich und organisatorisch notwendigen Zusammenfassung fehlt.

2 Aus der nicht abschließenden Aufzählung in **Abs. 2** wird dies leicht ersichtlich. Die schon in der BauNVO 62 enthaltenen Beispiele wurden in der BauNVO 68 nicht übernommen, um einer möglichen mißverständlichen, andere Nutzung ausschließenden Interpretation vorzubeugen. Mit der BauNVO 77 hat der VO-Geber den – erweiterten – Beispielkatalog wieder aufgenommen. Dies dient nicht zuletzt der Anschaulichkeit. An einem Hochschulgebiet läßt sich die zweckgerichtete, funktionell erforderliche Verknüpfung verschiedener Anlagen gut verdeutlichen: Sie umfassen z. B. Wohnungen für Studenten und Personal, Mensabetrieb mit Lebensmittelversorgung, Verwaltung, Werkstätten und technische Versorgungsanlagen, Hörsäle, Aula (Saalbau, kulturelle Veranstaltungen), technische Institute und Labors (Gewerbebetrieben vergleichbar), Heizkraftwerk usw. Andere Beispiele können SO sein, bei denen zwar eine bestimmte Nutzungsart dominiert, die aber in einer funktionalen Verknüpfung entsprechender Anlagen miteinander und mit gemeinsamen Versorgungseinrichtungen und sonstigen Zubehören eine Besonderheit und damit wesentliche Unterschiede zu den Gebieten der §§ 2–9 aufweisen. Dies könnte z. B. auf ein Behördenzentrum zutreffen. Neu aufgenommen wurde der Begriff „Gebiete für den Fremdenverkehr". Dabei handelt es sich um Gebiete in Fremdenverkehrsgemeinden für einen längeren Aufenthalt und nicht um solche, die nur touristisch zum Zwecke der Besichtigung aufgesucht werden. Die schon bisher genannten Kurgebiete sind ein Unterfall der Fremdenverkehrsgebiete, ein weiter in Betracht kommender, nunmehr ausdrücklich genannter Unterfall sind „Gebiete für die Fremdenbeherbergung". Diese sind geprägt durch Beherbergungsbetriebe und Wohngebäude mit Fremdenbeherbergung. Diese Neuregelung ist eine Folge der Vorschrift in § 22 Abs. 2 BauGB. Diese nimmt Bezug auf „Gebiete für die Fremdenbeherbergung", die im BP festgesetzt sind. Die Einbeziehung von SO in das gemeindliche Flächennutzungsgefüge ist von der, je nach der Zweckbestimmung sehr unterschiedlichen, Störempfindlichkeit und Störwirkung dieser Gebiete abhängig. Schon die wenigen hier näher beschriebenen SO zeigen die außerordentlich große Spannweite solcher Gebiete. Bereits auf der Ebene des FNP ist deshalb eine hinreichend konkrete Nutzungsdarstellung unerläßlich. Der BP muß alle diejenigen Festsetzungen treffen, die zum Ausgleich mit etwaigen widerstreitenden Interessen nach gerechter Abwägung aller Belange erforderlich sind. Insbesondere muß die Art der baulichen Nutzung konkret bestimmt und die Zweckbestimmung festgesetzt werden. Die bisher in § 1 Abs. 4 und 7–9 ent-

haltenen Ermächtigungen zur differenzierenden Festsetzung in SO nach § 11 ist ersatzlos gestrichen worden. Die Streichung dieser schon bislang völlig überflüssigen Regelung dient der Klarstellung. § 11 ermächtigt und verpflichtet die Gemeinden im Falle der SO-Regelung ohnedies zur Festsetzung der Zweckbestimmung und Art der baulichen Nutzung nach den jeweiligen Erfordernissen. Diese unterliegt nicht der Typisierung der Baugebietsregelungen und bedarf daher auch keiner Differenzierungsermächtigung in § 1 Abs. 4–9. Die Nutzungen in den in Abs. 2 beispielhaft aufgeführten SO müssen keineswegs immer in dieser Ausformung festgesetzt werden. Sie können je nach Erfordernis der besonderen Zweckbestimmung auch mit anderen Nutzungen kombiniert werden. Neu eingefügt wurden außerdem „Gebiete für Anlagen, die der Erforschung, Entwicklung oder Nutzung erneuerbarer Energien, wie Wind- und Sonnenenergie, dienen".

Abs. 3 regelt mit der Erfassung besonderer Handelsbetriebe einen weiteren **3** Baugebietstyp, der in den verschiedenen Fassungen der BauNVO eine unterschiedliche Ausformung erfahren hat. In der BauNVO 62 fehlte eine entsprechende Regelung überhaupt. Damit sind Einzelhandels- und sonstige Handelsbetriebe in den unter dieser Fassung der BauNVO erlassenen BP ohne besondere Beschränkung von Art und Größe auch außerhalb von Kerngebieten (MK) oder etwaigen SO in den übrigen Baugebieten insoweit zulässig, als dort Gewerbebetriebe zulässig oder ausnahmsweise zulassungsfähig sind, da Handelsbetriebe (Einzel- oder Großhandel) vom Begriff „Gewerbebetriebe" mit umfaßt werden. Dies bedeutet insbesondere für Gewerbegebiete (GE) und Industriegebiete (GI) praktisch eine unbeschränkte Zulässigkeit, da sich hier in den seltensten Fällen die Unzulässigkeit im Einzelfall aus § 15 ergibt. Zur Vermeidung weiterer städtebaulicher Fehlentwicklungen hat der VO-Geber mit der BauNVO 68 den Baugebietstyp des Abs. 3 erstmals eingeführt und die aus damaliger Sicht besonders problematischen Einkaufszentren und Verbrauchermärkte in ihrer Zulässigkeit auf MK oder für sie festgesetzte SO beschränkt, wenn diese Anlagen nach Lage, Umfang und Zweckbestimmung vorwiegend der übergemeindlichen Versorgung dienen sollten. Da diese Vorschrift keine rückwirkende Geltung auf ältere BP erlangen konnte, trat insoweit nur eine Zulässigkeitsbeschränkung für unter der Geltung der BauNVO 68 zustandegekommene BP ein. Abgesehen davon, daß der Nachweis übergemeindlicher Versorgungsfunktionen im Einzelfall oft schwer zu führen ist, erfaßte die Einschränkung jedenfalls nur Betriebe übergemeindlicher, d. h. „regionaler" Schädlichkeit, nicht jedoch solche, die negative städtebauliche Auswirkungen im innergemeindlichen Bereich haben. Gerade in größeren Städten wird aber beim Hinzukommen eines großflächigen Einzelhandelsbetriebs meist keine übergemeindliche Auswirkung nachzuweisen sein, wohl aber können sich eine erhebliche Veränderung des Versorgungsgefüges am Ort, mit der Folge einer Unterversorgung immobiler Bevölkerungsgruppen in einzelnen Ortsteilen, und damit städtebauliche Fehlentwicklungen und Störungen ergeben.

4 Die BauNVO 77 versuchte diesem grundlegenden Mangel abzuhelfen. Auch sie hat indessen keine Rückwirkung auf alte BP (BauNVO 68, 62); zur Anpassung älterer BP vgl. § 8 Rn 3. Neben den raumordnerischen Auswirkungen werden (nachteilige) städtebauliche Auswirkungen als weiteres Prüfkriterium in die Vorschrift aufgenommen. Außerdem wurde eine die vielfältigen, sich wandelnden Betriebsformen erfassende Begriffsbestimmung für die in Städtebau und Raumordnung problematischen Handelsbetriebe versucht. Einkaufszentren sind unabhängig von Lage, Größe und Auswirkungen nur in MK oder für sie festgesetzte SO zulässig (Abs. 3 Nr. 1). Großflächige Einzelhandelsbetriebe und sonstige großflächige Handelsbetriebe, die im Hinblick auf den Verkauf an letzte Verbraucher vergleichbar sind, sind nur in MK oder für sie festgesetzten SO zulässig, wenn sie sich nach Art, Lage oder Umfang auf die Verwirklichung der Ziele der Raumordnung und Landesplanung oder auf die städtebauliche Entwicklung und Ordnung nicht nur unwesentlich auswirken können (Abs. 3 Nr. 2 und 3). Welche Auswirkungen dabei in Betracht kommen, ergibt sich aus einer nicht abschließenden Aufzählung in Abs. 3 Satz 2. Dabei reicht es aus, daß Auswirkungen eintreten können. Es kommt nicht darauf an, daß Auswirkungen tatsächlich eintreten oder dem Bauantrag konkret zu entnehmen sind. Die Vorschrift verlangt „nicht nur unwesentliche Auswirkungen", das bedeutet weniger als wesentliche. Bei den Auswirkungen muß es sich nach dem Sinngehalt der Vorschrift um nachteilige handeln, wenngleich dies nicht ausdrücklich formuliert ist. Es gibt dabei auch keine Kompensation von Auswirkungen. Nachteilige Auswirkungen auf einen der aufgeführten Belange haben die Unzulässigkeit des Vorhabens zur Folge. Auswirkungen auf die Ziele der Raumordnung und Landesplanung setzen eine hinreichende Konkretisierung der landesplanerischen Vorgabe voraus. Das Vorliegen eines Ziels setzt im allgemeinen zumindest eine räumliche Konkretisierung und eine Handlungsanweisung in der betreffenden Regelung voraus. So gibt es z. B. in Raumordnungsplänen (Landesentwicklungs- bzw. Regionalpläne) Regelungen, die für (konkret bezeichnete) zentrale Orte bestimmter Stufe großflächige Einzelhandelsbetriebe ab einer bestimmten Verkaufsflächengröße nicht mehr zulassen. Abs. 3 Satz 3 enthält eine (widerlegliche) Vermutungsregelung, ab welcher Geschoßfläche (GF) im Regelfall nachteilige Auswirkungen i. S. des Satzes 2 anzunehmen sind. Dieser Schwellenwert lag in der BauNVO 77 bei 1500 m^2 und liegt nun (seit der BauNVO 86) bei 1200 m^2. Satz 4 stellt schließlich klar, daß Auswirkungen bereits bei weniger als 1200 m^2 vorliegen oder bei mehr als dieser Größe nicht vorliegen können (kein Grenzwert) und welche Gesichtspunkte dabei insbesondere zu berücksichtigen sind. Wird die Baugenehmigung für einen großflächigen Einzelhandelsbetrieb mit mehr als 1200 m^2 GF außerhalb eines MK oder SO beantragt, ist zu prüfen, ob Anhaltspunkte dafür vorliegen, daß gleichwohl keine nachteiligen Auswirkungen eintreten können, wobei die Darlegungslast beim Antragsteller liegt. Die Änderung von 1986 in Satz 4 zur Handhabung des Schwellenwerts diente der Klarstellung und ist daher auch auf ältere BP anzuwenden. Dagegen gilt für BP, denen die BauNVO 77 zugrunde liegt, der Schwellenwert von 1500 m^2 fort. Da nach neueren Erkenntnissen die relevanten Auswirkungen heute i. d. R. schon bei 1200 m^2 anzunehmen sind (BauNVO 86), ist bei diesen BP in Anwendung von Satz 4 oberhalb von 1200 m^2 stets zu prüfen, ob trotz Unterschreitens der Schwelle von 1500 m^2 die beschriebenen Auswirkungen eintreten könen, mit der Folge, daß das Vorhaben außerhalb von MK oder S0 unzulässig ist.

Einkaufszentren sind gesetzlich nicht definiert. Sie sind i. d. R. Zusammenfassungen von Betrieben verschiedener Branchen und Größenordnungen des Einzelhandels, des Handwerks und von Dienstleistungen, die meist einen einheitlich geplanten, finanzierten und gebauten Gebäudekomplex bilden. Diese Konzentration aufeinander abgestimmter Betriebe beträchtlicher Größenordnung ist außerdem durch eine Magnetwirkung im Gemeindegebiet oder darüber hinaus gekennzeichnet. In kleineren Orten kann schon die räumliche Zusammenfassung weniger Betriebe dieser Art mit zentrenbildender Funktion ein Einkaufszentrum sein. Mit der Regelung in Abs. 3 Nr. 1 wird deutlich, daß der VO-Geber bei Einkaufszentren immer von Auswirkungen im Sinne von Abs. 3 Satz 2 ausgeht. Der Begriff des **Verbrauchermarkts** findet sich in der BauNVO 68 und ist mit der BauNVO 77 in den allgemeineren des großflächigen Einzelhandelsbetriebs aufgegangen. Damit wurde klargestellt, daß für städtebauliche Auswirkungen weniger die Betriebsform als vielmehr die großflächige Erscheinungsform maßgebend ist. Bedeutung hat er also heute nur noch für BP, die unter der Geltung der BauNVO 68 aufgestellt worden sind. Verbrauchermärkte sind großflächig angelegte Einkaufsgelegenheiten für Endverbraucher, meist in der Form der Selbstbedienung mit Niedrigpreis-Angeboten und entsprechender Werbung. Sie haben ein breites

5

Sortiment und rufen einen umfangreichen, in der Regel motorisierten Käuferverkehr hervor. Dabei kommt es – entgegen früheren Vorstellungen – nicht entscheidend auf das Schwergewicht des Angebots im Nahrungsmittelbereich und nicht auf eine aggressive Preispolitik an. Ein Verbrauchermarkt kann demnach auch ein größerer sog. Fachmarkt mit breitem Randsortiment sein. **Großflächige Einzelhandelsbetriebe** sind Betriebe, die überwiegend an letzte Verbraucher liefern. Sie haben funktionelle Auswirkungen auf den Städtebau, die jedoch erst ab einer bestimmten Größe unterstellt werden dürfen (Abs. 3 Satz 2). Der Begriff der Großflächigkeit in Abs. 3 Nr. 2 hat hier also selbständige Bedeutung, da nur bei Großflächigkeit die beschriebenen nachteiligen städtebaulichen Auswirkungen angenommen werden können. Das BVerwG sieht die Grenze der Großflächigkeit nicht wesentlich über, aber auch nicht wesentlich unter 700 m² Verkaufsfläche. Bei der im allgemeinen angenommenen überschlägigen Umrechnung, die davon ausgeht, daß die Verkaufsfläche etwa um ein Drittel niedriger als die GF ist, liegt die Grenze der Großflächigkeit damit etwas unter dem Schwellenwert in Abs. 3 Satz 3. Abs. 3 Nr. 3 bezieht in die Regelung auch **sonstige großflächige Handelsbetriebe** ein, die im Hinblick auf den Verkauf an letzte Verbraucher und auf die nachteiligen städtebaulichen Auswirkungen den in Nr. 2 bezeichneten Einzelhandelsbetrieben vergleichbar sind. Damit ist der funktionelle Großhandel (Umsatz von Gütern an Wiederverkäufer, Weiterverarbeiter, gewerbliche Verwender oder Großverbraucher) nicht erfaßt. Entscheidend ist also, unabhängig von Betriebsform und Bezeichnung, ob der Betrieb (auch) an letzte Verbraucher verkauft (auch wenn dies z. B. über sog. Einkaufsberechtigungsscheine erfolgt) und die in Satz 2 beschriebenen Auswirkungen haben kann. Ändert ein funktioneller Großhandelsbetrieb später seine Tätigkeit in Richtung Einzelhandel, ist dies eine genehmigungspflichtige Nutzungsänderung. Als Hinweis auf eine derartige Änderung kann der Baurechtsbehörde z. B. eine deutliche Zunahme des Stellplatzbedarfes dienen.

§ 12 Stellplätze und Garagen

(1) Stellplätze und Garagen sind in allen Baugebieten zulässig, soweit sich aus den Absätzen 2 bis 6 nicht anderes ergibt.
(2) In Kleinsiedlungsgebieten, reinen Wohngebieten und allgemeinen Wohngebieten sowie Sondergebieten, die der Erholung dienen, sind

Stellplätze und Garagen nur für den durch die zugelassene Nutzung verursachten Bedarf zulässig.

(3) Unzulässig sind

1. Stellplätze und Garagen für Lastkraftwagen und Kraftomnibusse sowie für Anhänger dieser Kraftfahrzeuge in reinen Wohngebieten,

2. Stellplätze und Garagen für Kraftfahrzeuge mit einem Eigengewicht über 3,5 Tonnen sowie für Anhänger dieser Kraftfahrzeuge in Kleinsiedlungsgebieten und allgemeinen Wohngebieten.

(4) Im Bebauungsplan kann, wenn besondere städtebauliche Gründe dies rechtfertigen (§ 9 Abs. 3 des Baugesetzbuchs), festgesetzt werden, daß in bestimmten Geschossen nur Stellplätze oder Garagen und zugehörige Nebeneinrichtungen (Garagengeschosse) zulässig sind. Eine Festsetzung nach Satz 1 kann auch für Geschosse unterhalb der Geländeoberfläche getroffen werden. Bei Festsetzungen nach den Sätzen 1 und 2 sind Stellplätze und Garagen auf dem Grundstück nur in den festgesetzten Geschossen zulässig, soweit der Bebauungsplan nichts anderes bestimmt.

(5) Im Bebauungsplan kann, wenn besondere städtebauliche Gründe dies rechtfertigen (§ 9 Abs. 3 des Baugesetzbuchs), festgesetzt werden, daß in Teilen von Geschossen nur Stellplätze und Garagen zulässig sind. Absatz 4 Satz 2 und 3 gilt entsprechend.

(6) Im Bebauungsplan kann festgesetzt werden, daß in Baugebieten oder bestimmten Teilen von Baugebieten Stellplätze und Garagen unzulässig oder nur in beschränktem Umfang zulässig sind, soweit landesrechtliche Vorschriften nicht entgegenstehen.

(7) Die landesrechtlichen Vorschriften über die Ablösung der Verpflichtung zur Herstellung von Stellplätzen und Garagen sowie die Verpflichtung zur Herstellung von Stellplätzen und Garagen außerhalb der im Bebauungsplan festgesetzten Bereiche bleiben bei Festsetzungen nach den Absätzen 4 bis 6 unberührt.

BauNVO 1968 und 1962: Stellplätze und Garagen für Kraftfahrzeuge

(1) Stellplätze und Garagen sind in allen Baugebieten zulässig, soweit sich aus den Absätzen 2 und 3 nichts anderes ergibt.

(2) In Kleinsiedlungsgebieten, reinen Wohngebieten, allgemeinen Wohngebieten und Wochenendhausgebieten sind Stellplätze und Garagen nur für den durch die zugelassene Nutzung verursachten Bedarf zulässig.

(3) Unzulässig sind

§ 12 Stellplätze und Garagen

1. *Stellplätze und Garagen für Lastkraftwagen und Kraftomnibusse in reinen Wohngebieten und Wochenendhausgebieten,*
2. *Stellplätze und Garagen für Kraftfahrzeuge mit einem Eigengewicht über 3,5 Tonnen in Kleinsiedlungsgebieten und allgemeinen Wohngebieten.*

(4) Im Bebauungsplan kann festgesetzt werden, daß in bestimmten Geschossen nur Stellplätze und Garagen und zugehörige Nebeneinrichtungen (Garagengeschosse) zulässig sind.

Erläuterungen:

1
Die Vorschrift regelt die bauplanungsrechtliche Zulässigkeit von Stellplätzen (St) und Garagen (Ga) in den Baugebieten der BauNVO. Sie ist in § 12 zusammengefaßt und damit gleichsam vor die Klammer gezogen. Danach sind St und Ga grundsätzlich in allen Baugebieten zulässig (Abs. 1). Die Vorschrift erfaßt nur den privaten ruhenden Verkehr, also nicht öffentliche Parkierungsanlagen und Parkflächen, die Bestandteil öffentlicher Verkehrsflächen sind. Gewerblich betriebene Parkierungsanlagen, etwa in Form von Parkhäusern, fallen ebenfalls nicht unter § 12. Ihre Zulässigkeit richtet sich nach der von Gewerbebetrieben im betreffenden Baugebiet. Die Vorschrift bestimmt auch nicht, wer wo, wann und wieviel St und Ga herzustellen hat. Diese sog. Stellplatzpflicht richtet sich nach der jeweiligen LBO. § 12 trägt dem Umstand Rechnung, daß für eine funktionsgerechte Nutzung der Baugrundstücke immer auch eine ausreichende Zahl von St erforderlich ist und diese in der Regel zumindest überwiegend auf den Baugrundstücken unterzubringen ist. Unberührt bleiben die Möglichkeiten für die Gemeinden, die Unterbringung von St und Ga durch Festsetzungen im BP zu steuern. Neben der Ermächtigung in § 9 Abs. 1 Nr. 4 und 22 und Abs. 3 BauGB geben die Abs. 4–6 den Gemeinden hierfür Instrumente an die Hand. Außerdem haben die Gemeinden die Möglichkeit zur Festsetzung der Begünstigung von Ga bei der Berechnung des Maßes der baulichen Nutzung (§ 21 a). Die **Abs. 2 und 3** enthalten Einschränkungen für Baugebiete mit hoher Schutzbedürftigkeit. Sie lassen indessen St und Ga für den durch die zugelassene Nutzung verursachten Bedarf uneingeschränkt zu und stärken damit die Funktion dieser Gebiete. Die einschränkenden Regelungen gelten naturgemäß nicht für das Abstellen von Kfz auf öffentlichen Straßen. Hierfür gelten die Vorschriften der StVO.

Abs. 4 ermächtigt die Gemeinden zur Festsetzung von Ga-Geschossen. Zu **2** den dabei geforderten „besonderen städtebaulichen Gründen" vgl. § 1 Rn 8. Die erstmals in der BauNVO 68 enthaltene Vorschrift ist in der Folge klarstellend erweitert worden: Die Festsetzung kann auch für Geschosse unterhalb der Geländeoberfläche getroffen werden; mit der Festsetzung von Ga-Geschossen sind St und Ga auf dem Grundstück – soweit der BP nicht ausdrücklich etwas anderes bestimmt – nur noch in dem festgesetzten Geschoß zulässig. St und Ga sind dann auch nicht mehr gem. § 23 Abs. 5 Satz 2 zulassungsfähig, weil der BP dem entgegensteht. In der vorliegenden Ausgestaltung bietet die Vorschrift den Gemeinden eine brauchbare Regelungsmöglichkeit für eine möglichst unschädliche Unterbringung des ruhenden Verkehrs auf den Baugrundstücken auch dann, wenn diese dicht bebaut werden dürfen, oder wenn aus besonderen städtebaulichen Gründen ein besonders hoher Freiflächenanteil im Baugebiet gesichert werden soll. **Abs. 5** stellt klar, daß die Festsetzung nach Abs. 4 entsprechend auch nur für Teile von Geschossen festgesetzt werden kann. Diese Festsetzung hat dann dieselbe ausschließende Wirkung für Ga und St an anderer Stelle auf dem Grundstück, also auch für die Teile von Geschossen, die nicht der Ga-Nutzung vorbehalten sind.

Abs. 6 eröffnet den Gemeinden die Möglichkeit, durch Festsetzung im BP in **3** Gebieten oder in Teilen von Gebieten St und Ga auszuschließen oder nur in beschränktem Umfang zuzulassen. Diese Ermächtigung erlaubt den Gemeinden auch, sie nur für ausnahmsweise zulassungsfähig zu erklären. Die Anwendung der Vorschrift für BP der Gemeinden steht allerdings unter dem Vorbehalt, daß landesrechtliche Vorschriften, also insbesondere die bauordnungsrechtliche Stellplatzverpflichtung nicht entgegensteht. Die Anwendung der Vorschrift durch die Gemeinde setzt mithin voraus, daß die Stellplatzverpflichtung des Bauherrn auf andere Weise (Herstellung außerhalb des Baugrundstücks oder Ablösung durch Geldleistungen) erfüllt werden kann. So enthält z. B. die LBO Ba-Wü in § 39 Abs. 5 i. V. mit § 73 Abs. 1 Nr. 10 die Bestimmung, daß der Bauherr seine St-Verpflichtung durch Zahlung eines Geldbetrags an die Gemeinde erfüllen muß, wenn die Herstellung durch BP eingeschränkt oder ausgeschlossen ist. Festsetzungen nach Abs. 6 bedürfen stets sorgfältiger Abwägung und Begründung. Besondere Zurückhaltung ist bei den für Wohnungen im Gebiet notwendigen St geboten, da hier auch normalerweise das „Standquartier" des Kfz des Bewohners ist und weil eine Wohnung ohne St längerfristig immer mit einem gewissen Defizit behaftet ist. Wird im BP eine Beschränkung der zulässigen Zahl von Ga oder St festgesetzt, ist diese Festsetzung auf das Baugrundstück zu beziehen. Denkbar sind Beschränkung oder Ausschluß z. B. in historischen Altstadtbereichen, in denen sowohl die Unterbringung der Ga als auch ihre Anfahrbarkeit unüberwindliche Schwierigkeiten bereiten können. Ferner können bei einer Beschränkung in anderen Bereichen, u. a. die Erschließung des Gebiets mit ÖPNV, sowie ein reichliches Angebot von Parkflächen im Bereich der Erschließungsstraßen (höhere Ausnutzbarkeit durch wechselnde Belegung) wichtige Voraussetzungen sein. Abs. 7 stellt klar, daß ein Ausschluß von St und Ga im BP den Stellplatzpflichtigen nicht von seiner Stellplatzpflicht freistellt. Vielmehr greifen dann die vom Bauordnungsrecht bereitgehaltenen Ersatzlösungen ein.

§ 13 Gebäude und Räume für freie Berufe

Für die Berufsausübung freiberuflich Tätiger und solcher Gewerbetreibender, die ihren Beruf in ähnlicher Art ausüben, sind in den Baugebieten nach den §§ 2 bis 4 Räume, in den Baugebieten nach den §§ 4 a bis 9 auch Gebäude zulässig.

BauNVO 1968 und 1962: *Räume für freie Berufe*

Räume für die Berufsausübung freiberuflich Tätiger und solcher Gewerbetreibender, die ihren Beruf in ähnlicher Art ausüben, sind in den Baugebieten nach den §§ 2 bis 9 zulässig.

Erläuterungen:

In den Baugebieten der §§ 2–4 sind für die in § 13 bezeichneten Tätigkeiten Räume, in den Baugebieten der §§ 4 a–9 auch Gebäude zulässig. Die §§ 10 und 11 sind hier zwar – im Gegensatz zu § 1 Abs. 3, wonach auch § 13 Bestandteil von BP für Sondergebiete (SO) wird – nicht erwähnt. Nach dem Grundgedanken des § 13 ist indessen nicht ersichtlich, warum zumindest bei bestimmten Ausformungen der SO die Annex-Nutzung des § 13 nicht zulässig sein sollte. Die Vorschrift kann so ausgelegt werden, daß unter bestimmten Voraussetzungen in SO Räume oder Gebäude für freie Berufe zulässig sind, auch wenn der BP keine speziellen Festsetzungen in dieser Richtung enthält. Um jedoch Zweifel möglichst zu vermeiden, ist den Gemeinden zu empfehlen, bei der Festsetzung der Art der baulichen Nutzung in Gebieten nach §§ 10 und 11 auch festzusetzen, inwieweit Räume oder Gebäude für Nutzungen nach § 13 allgemein zulässig oder ausnahmsweise zulassungsfähig sind. Räume, und seit der BauNVO 1977 auch Gebäude, für freie Berufe sind auch im GI zulässig, wenngleich als eines der Merkmale einer Tätigkeit nach § 13 die Wohnartigkeit gilt. Daß sie im Industriegebiet (GI) trotz der nur ausnahmsweisen Zulässigkeit funktionsbezogener Wohnungen allgemein zulässig sind zeigt, daß sie nicht denselben Schutz genießen wie Wohnungen. Dies ist funktionell richtig, da auch Büronutzung als Teil der Gewerbebetriebe im Gebiet zulässig ist. Daneben ist die Zulässigkeit von Tätigkeiten nach § 13 vor allem für die Wohngebiete von Bedeutung, da in den anderen Baugebieten Büros ohnedies allgemein zulässig sind. Da in den Wohngebieten nur oder vorwiegend nur Wohngebäude zulässig sind, ist die Zulässigkeit nach § 13 ein echter Annex zur Wohnnutzung und die Beschränkung auf Räume sachgerecht. Der Umfang der für freiberufliche Tätigkeit zulässigen Räume hängt von den sonstigen Festsetzungen des BP ab. Jedenfalls muß er sich in der Regel dem Wohnen unterordnen. Dies gilt insbesondere für reine Wohngebiete (WR), namentlich für solche, die durch zusätzliche differenzierende Festsetzungen ersichtlich einen extremen Schutz der Wohnruhe erfahren sollen. Zur Problematik solch einseitiger Nutzungsauslese vgl. § 3 Rn 1. Es ist nicht erforderlich, daß das Wohnen und die Berufsausübung gekoppelt sind. In größeren Wohnanlagen können auch mehrere Wohnungen ganz für freiberufliche Tätigkeiten genutzt werden. Dies darf aber nicht so weit gehen, daß Wohngebäude zu gewerblichen Gebäuden umfunktioniert werden. Die Zulassung nach § 13 sollte indessen nicht eng ausgelegt werden, da ein städtebauliches Interesse daran besteht, die immer häufiger wohnungsnah nachgefragten Dienstleistungen zu ermöglichen, um so unnötigen Stadtverkehr zu vermeiden und die Gebietsversorgung zu verbessern. Durch die wohnartige Unterbringung sind größere Störungen in der Regel nicht zu befürchten. Im Einzelfall ist eine Begrenzung durch § 15 gewährleistet.

§ 14 Nebenanlagen

**(1) Außer den in den §§ 2 bis 13 genannten Anlagen sind auch unterge-
ordnete Nebenanlagen und Einrichtungen zulässig, die dem Nutzungszweck der in dem Baugebiet gelegenen Grundstücke oder des Baugebiets selbst dienen und die seiner Eigenart nicht widersprechen. Soweit
nicht bereits in den Baugebieten nach dieser Verordnung Einrichtungen
und Anlagen für die Tierhaltung zulässig sind, gehören zu den untergeordneten Nebenanlagen und Einrichtungen im Sinne des Satzes 1 auch
solche für die Kleintierhaltung. Im Bebauungsplan kann die Zulässigkeit
der Nebenanlagen und Einrichtungen eingeschränkt oder ausgeschlossen werden.
(2) Die der Versorgung der Baugebiete mit Elektrizität, Gas, Wärme und
Wasser sowie zur Ableitung von Abwasser dienenden Nebenanlagen
können in den Baugebieten als Ausnahme zugelassen werden, auch
soweit für sie im Bebauungsplan keine besonderen Flächen festgesetzt
sind. Dies gilt auch für fernmeldetechnische Nebenanlagen sowie für
Anlagen für erneuerbare Energien, soweit nicht Absatz 1 Satz 1 Anwendung findet.**

BauNVO 1977:

*(2) Die der Versorgung der Baugebiete mit Elektrizität, Gas, Wärme und Was-
ser sowie zur Ableitung von Abwasser dienenden Nebenanlagen können in
den Baugebieten als Ausnahme zugelassen werden, auch soweit für sie im
Bebauungsplan keine besonderen Flächen festgesetzt sind.*

BauNVO 1968 und 1962:

*(1) Außer den in den §§ 2 bis 13 genannten Anlagen sind auch untergeordnete
Nebenanlagen und Einrichtungen zulässig, die dem Nutzungszweck der in
dem Baugebiet gelegenen Grundstücke oder des Baugebietes selbst dienen
und die seiner Eigenart nicht widersprechen. Im Bebauungsplan kann die
Zulässigkeit solcher Nebenanlagen und Einrichtungen eingeschränkt oder
ausgeschlossen werden.*
(2) wie BauNVO 1977

Erläuterungen:

Die Vorschrift spricht zwar von „Nebenanlagen und Einrichtungen". Ihr unter- 1
fallen aber nur Vorhaben, die bauliche Anlagen sind. Dies ergibt sich schon
aus dem Vorhabensbegriff in § 29 BauGB, der die Anwendung der baupla-
nungsrechtlichen Vorschriften auf Fälle eingrenzt, die – neben anderen Voraussetzungen – bauliche Anlagen sind. Die städtebauliche Relevanz wird zu
Recht erst dort gesehen, wo etwas gebaut wird und sich damit bodenrecht-
lich verfestigt. Auch die übrigen Voraussetzungen des § 29 BauGB, also die
Baugenehmigungspflichtigkeit sowie eine Errichtung, Änderung oder Nutzungsänderung müssen im allgemeinen vorliegen. Daneben können untergeordnete Anhängsel, die nicht unter § 29 BauGB und § 14 fallen, im Einzelfall
unzulässig sein, wenn im BP z. B. auf der nicht überbaubaren Grundstücksfläche derartige Anlagen ausdrücklich ausgeschlossen sind. Der BP bewirkt
dann aus sich heraus die Unzulässigkeit. § 14 gilt in allen Baugebieten, auch in
Sondergebieten (SO) nach §§ 10 und 11, ohne daß es hierfür besonderer
Festsetzungen im einzelnen BP bedürfte. Mit der Festsetzung eines Baugebiets wird er Bestandteil des BP, wenn dieser nichts anderes bestimmt. Er
regelt die städtebaurechtliche Zulässigkeit allgemein, also nicht Fragen der
Plazierung der Anlagen (vgl. § 23 Abs. 5), ihres Umfangs oder ihrer Anrechnung auf das zulässige Maß der baulichen Nutzung (vgl. §§ 19–21). Untergeordnete Nebenanlagen i. S. v. § 14 sind untergeordnete Anhängsel der Hauptnutzung. Sie müssen der Hauptnutzung sowohl funktionell als auch räumlich-
gegenständlich dienend zu- und untergeordnet sein. Es kann mithin nicht
etwa ein Teil der Hauptnutzung – z. B. der Heizraum oder ein (weiteres) Kin-
derzimmer zu einem Wohnhaus – dadurch zur Nebenanlage gemacht werden, daß er vom Hauptgebäude abgesetzt angeordnet wird. Was wesensge-
mäß zur Hauptnutzung gehört, ist nicht nebenanlagenfähig. Andererseits ver-
lieren an die Hauptanlage herangerückte, nicht notwendige Zubehöre nicht
dadurch ihre Eigenschaft und rechtliche Einordnung als Nebenanlage. Grenzen Haupt- und Nebenanlage unmittelbar aneinander, kommt indessen auch
der optischen Zu- und Unterordnung erhebliche Bedeutung zu. Die Hauptanlage muß einen baulich und funktionell klaren Abschluß haben, was eine
begehbare Verbindung zwischen beiden Anlagen aber nicht ausschließen
muß. Die geforderte Unterordnung ist ein relativer Maßstab. Nach diesen
Kriterien kann z. B. ein „echter" Wintergarten als Glasanbau maßvoller Größe
(etwa 30 m^3) und einfacher (gewächshausartiger) Bauart eine Nebenanlage zu
einem Wohnhaus sein. Weitere Beispiele wären Pergolen, Garten- und Ge-
rätehäuschen, Gartenlauben, Brennholzlager und dergl. Abs. 1 Satz 3 be-

stimmt ausdrücklich, daß die Gemeinde durch Festsetzungen im BP Nebenanlagen und Einrichtungen einschränken oder ausschließen kann. Derartige
Festsetzungen bedürfen allerdings einer sorgfältigen Abwägung und Begründung. Für einen vollständigen Ausschluß wird es regelmäßig an einer stichhaltigen Begründung fehlen. Die Einschränkung kann sich sowohl auf die Art der
Nebenanlagen, als auch auf ihre räumliche Verteilung beziehen. Letztere kann
für die städtebauliche Ordnung, je nach der Struktur des Baugebiets, durchaus von erheblicher Bedeutung sein. Die im Städtebau stets gebotene ganz-
heitliche Betrachtung zeigt, daß eine starke Beschränkung oder gar der Ausschluß von Nebenanlagen auf den Baugrundstücken zur Entstehung von derartigen „Zubehören" auf selbständigen, oftmals ungeplanten Freizeitgrund-
stücken im Außenbereich wesentlich beitragen können. Lebensbedürfnisse
lassen sich nämlich nicht wegplanen!

2   Die Regelung in Abs. 2 trägt den Bedürfnissen der Energieversorgung und
Wasserwirtschaft Rechnung. Ausnahmsweise zulassungsfähig sind die der
Versorgung der Gebiete in den genannten Bereichen dienenden Nebenanlagen. Es muß sich also auch hier um Nebenanlagen handeln, die in den genannten Versorgungsbereichen eine dienende Funktion und eine Unterordnung aufweisen, auch wenn dieser Begriff hier nicht ausdrücklich genannt ist.
Nach Abs. 2 können demnach z. B. keine Hauptanlagen wie Kraftwerke oder
Kläranlagen zugelassen werden. Die Aufzählung der Ver- und Entsorgungs-
bereiche in Abs. 2 ist abschließend. Nebenanlagen anderer Bereiche sind
nicht zulassungsfähig, es sei denn, sie fallen unter Abs. 1 (z. B. Müllboxen aus
dem Abfallbeseitigungsbereich). Es ist nicht erforderlich, daß die Nebenanlagen nur dem Gebiet dienen, in dem sie zugelassen werden. Ausnahmsweise
zulassungsfähig sind fernmeldetechnische Nebenanlagen. Sie brauchen
nicht der Versorgung des betreffenden Gebiets zu dienen. In Betracht kommen z. B. telefon-, rundfunk- und fernsehtechnische Umsetzungsanlagen,
auch kleinere fernmeldetechnische Gebäude, jedoch keine Hauptanlagen.
Ausnahmsweise zulassungsfähig sind auch Anlagen für erneuerbare Energien wie z. B. Wind- und Sonnenenergieanlagen. Sie brauchen nicht nur der
Versorgung des Baugebiets mit Energie zu dienen. Bei der notwendigen Ermessensentscheidung der Baurechtsbehörde über die Zulassung derartiger
Anlagen sind auch die eventuellen Auswirkungen auf die Gebietsstruktur,
namentlich die Auswirkungen auf das Orts- und Landschaftsbild zu berücksichtigen. Dabei sind die Anlagen aber nicht schon deshalb unzulässig, weil
ihr Anblick im betreffenden Bereich ungewohnt ist.

§ 15 Allgemeine Voraussetzungen für die Zulässigkeit baulicher und sonstiger Anlagen

(1) Die in den §§ 2 bis 14 aufgeführten baulichen und sonstigen Anlagen sind im Einzelfall unzulässig, wenn sie nach Anzahl, Lage, Umfang oder Zweckbestimmung der Eigenart des Baugebiets widersprechen. Sie sind auch unzulässig, wenn von ihnen Belästigungen oder Störungen ausgehen können, die nach der Eigenart des Baugebiets im Baugebiet selbst oder in dessen Umgebung unzumutbar sind, oder wenn sie solchen Belästigungen oder Störungen ausgesetzt werden.
(2) Die Anwendung des Absatzes 1 hat nach den städtebaulichen Zielen und Grundsätzen des § 1 Abs. 5 des Baugesetzbuchs zu erfolgen.
(3) Die Zulässigkeit der Anlagen in den Baugebieten ist nicht allein nach den verfahrensrechtlichen Einordnungen des Bundes-Immissionsschutzgesetzes und der auf seiner Grundlage erlassenen Verordnungen zu beurteilen.

Erläuterungen:

Die Überschrift in § 15, die von „Allgemeinen Voraussetzungen für die Zulässigkeit" spricht, bringt das Wesen der Vorschrift unvollkommen zum Ausdruck. Richtiger wäre von der **Unzulässigkeit im Einzelfall** zu sprechen. Die Auffangregelung ist nämlich eine Art „Notbremse" bei der Zulässigkeitsprüfung im Baugenehmigungsverfahren. Sie bezieht sich sowohl auf die allgemeine Zulässigkeit, als auch auf die ausnahmsweise zulassungsfähigen Anlagen. Der Anwendungsbereich der Vorschrift erstreckt sich auf alle baulichen und sonstigen in den §§ 2 bis 14 genannten Anlagen, also auch auf die – vor die Klammer der Baugebiete gezogenen – Anlagen der §§ 12–14. Die Vorschrift wird unmittelbar geltendes Recht mit dem Inkrafttreten eines BP. Ihre Geltung kann auch nicht durch den BP eingeschränkt werden. Sie wendet sich an die Baugenehmigungsbehörde und bildet die Schnittstelle zwischen Planung und Planvollzug. Liegt ein Verstoß i. S. von § 15 vor, ist das Vorhaben zwingend abzulehnen. Die Baurechtsbehörde hat kein Ermessen, eine Befreiungsmöglichkeit gibt es nicht, da es sich hier nicht um die Abweichung von einer Festsetzung des BP handelt. Kommt über § 34 Abs. 2 BauGB die BauNVO für die Art der baulichen Nutzung zur Anwendung, gilt dies insoweit auch für § 15. Mit der BauNVO 77 wurde der Prüfungsbereich dahingehend erweitert, daß nicht nur die Auswirkungen im Baugebiet selbst, sondern auch in dessen Umgebung in die Prüfung einbezogen werden (Abs. 1 Satz 2). Mit der Ergänzung in Abs. 1 Satz 2 durch die BauNVO 90 sind die im Baugebiet grundsätzlich zulässigen Vorhaben im Einzelfall nicht mehr nur dann unzulässig, wenn von ihnen bestimmte Belästigungen oder Störungen ausgehen können, sondern auch, wenn Vorhaben solchen Belästigungen oder Störungen ausgesetzt sind. Damit wird das im Bauplanungsrecht wichtige sog. Rücksichtnahmegebot besser ausgeformt, in dem für die Baugenehmigungsbehörde zur Berücksichtigung von Immissionsschutzbelangen im Genehmigungsverfahren die Gegenseitigkeit der notwendigen Rücksichtnahme deutlich herausgestellt wird. Die Vorschrift zielt darauf ab, bei jedem Einzelvorhaben in Ergänzung des rahmensetzenden BP zu prüfen, ob es sich in das Gefüge des Baugebiets einordnet, wie es nach der BauNVO bestimmt ist und wie es sich in der konkreten Situation entwickelt hat. § 15 ermöglicht aber keine Zulässigkeitskorrektur, wenn im Geltungsbereich eines BP bei der Realisierung die rechtlich vorgegebenen Möglichkeiten nicht voll ausgeschöpft worden sind. Wenn z. B. das im BP festgesetzte Maß der baulichen Nutzung von der in der Umgebung eines Vorhabens bereits realisierten Bebauung weithin nicht ausgeschöpft worden ist, verstößt das beantragte Vorhaben, welches das festgesetzte Nutzungsmaß für seinen Bereich ausschöpft, nicht gegen § 15. Die Eigenart des Baugebiets als Prüfungsmaßstab in Abs. 1 Satz 1 wird nicht etwa durch eine möglichst ausgewogene Mischung der in einem Baugebietstyp zulässigen unterschiedlichen Nutzungen und Anlagen bestimmt. Maßgebend sind vielmehr die allgemeine Zweckbestimmung des Baugebiets in Abs. 1 der jeweiligen Baugebietsnorm, bzw. der Festsetzung im BP bei Sondergebieten (SO) nach §§ 10 und 11, sowie die sonstigen Festsetzungen im BP, namentlich über das Maß der baulichen Nutzung, die Bauweise und die überbaubare Grundstücksfläche. Die tatsächlich vorhandene Bebauung kann die Eigenart des Baugebiets nur insoweit mitprägen, als sie sich i. R. der städtebaulichen Ordnungsvorstellungen hält, wie sie in den Festsetzungen des BP für das betreffende Gebiet zum Ausdruck kommen. Ein Widerspruch zu dieser Eigenart, mit der Folge der Unzulässigkeit des Vorhabens, setzt einen eindeutigen, nicht nur unwesentlichen Verstoß gegen den konkreten Gebietscharakter voraus. Er muß sich aufdrängen. Die Baugenehmigungsbehörde darf keine eigenen Leitbilder über § 15 verfolgen. Die Vorschrift ist eine Ausprägung des baurechtlichen Rücksichtnahmegebots für die Entscheidung im Einzelfall, so daß eine Anwendung zu Lasten des Bauantragstellers, dessen Vorhaben den Festsetzungen des BP entspricht, der Ausnahmefall bleiben muß. Abs. 1 Satz 2 gibt keinen absoluten Maßstab vor.

Abzustellen ist bei der Anwendung auf die tatsächlichen Verhältnisse. Die Relativität des Maßstabs hat zur Folge, daß die Zumutbarkeitsgrenze in unterschiedlich gelagerten Einzelfällen auch unterschiedlich anzusetzen ist. Insbesondere in sog. Gemengelagen, oder wenn Baugebiete unterschiedlicher Schutzwürdigkeit aneinandergrenzen, sind die Grundstücksnutzungen mit einer gegenseitigen Pflicht zur Rücksichtnahme belastet: der Belästigte hat mehr hinzunehmen, als in einem außerhalb eines derartigen Grenzbereichs gelegenen Grundstück; der Emittent hat nach einer Art Mittelwert (z. B. Grenze WA/GE etwa 60 dB(A) bei Lärm) seine Emissionen zu beschränken. Die Schwelle der Zumutbarkeit wird jedoch dann überschritten, wenn von einer Anlage schädliche Umwelteinwirkungen i. S. v. §§ 3 Abs. 1, 5 Abs. 1 BImSchG ausgehen. Umgekehrt ist eine Anlage, deren Immissionen sich für die Nachbarschaft i. R. des nach § 5 Abs. 1 Nr. 1 BImSchG zumutbaren halten, nicht rücksichtslos. § 15 gewährt insoweit nur einen Mindestschutz auf dem Niveau des BImSchG.

Abs. 2 stellt klar, daß bei der Zulässigkeitsprüfung nach Abs. 1 nur städtebauliche Gesichtspunkte berücksichtigt werden, wie sie sich aus den Grundsätzen der Bauleitplanung in § 1 Abs. 5 BauGB ergeben. Wie in Rn 1 dargestellt, kann dies allerdings nicht bedeuten, daß die Baugenehmigungsbehörde im Einzelfall in eine neuerliche planerische Abwägung zwischen dem zur Genehmigung gestellten Vorhaben und den Belangen in § 1 Abs. 5 BauGB eintreten könnte. Sie hat vielmehr den konkreten BP nach Maßgabe des Abs. 1 zu vollziehen. **Abs. 3** stellt klar, daß die verfahrensrechtliche Einordnung von Anlagen nach dem BImSchG lediglich als wichtiger Anhalt für die Beurteilung der Zulässigkeit von Anlagen, insbesondere Gewerbebetrieben, in die Baugebiete dienen kann. Dies bedeutet, daß die 4. BImSchV nicht schematisch und bindend zur Anwendung kommt. Vielmehr ist von den baulichen und sonstigen Anlagen ausgehenden konkreten Belästigungen und Störungen sowie den durch die besondere Ausgestaltung der Anlagen vorgesehenen Schutzvorkehrungen und deren dauerhafter Sicherung auszugehen.

2

Zweiter Abschnitt · Maß der baulichen Nutzung

§ 16 Bestimmung des Maßes der baulichen Nutzung

(1) Wird im Flächennutzungsplan das allgemeine Maß der baulichen Nutzung dargestellt, genügt die Angabe der Geschoßflächenzahl, der Baumassenzahl oder der Höhe baulicher Anlagen.

(2) Im Bebauungsplan kann das Maß der baulichen Nutzung bestimmt werden durch Festsetzung

1. der Grundflächenzahl oder der Größe der Grundflächen der baulichen Anlagen,
2. der Geschoßflächenzahl oder der Größe der Geschoßfläche, der Baumassenzahl oder der Baumasse,
3. der Zahl der Vollgeschosse,
4. der Höhe baulicher Anlagen.

(3) Bei Festsetzung des Maßes der baulichen Nutzung im Bebauungsplan ist festzusetzen

1. stets die Grundflächenzahl oder die Größe der Grundflächen der baulichen Anlagen,
2. die Zahl der Vollgeschosse oder die Höhe baulicher Anlagen, wenn ohne ihre Festsetzung öffentliche Belange, insbesondere das Orts- und Landschaftsbild, beeinträchtigt werden können.

(4) Bei Festsetzung des Höchstmaßes für die Geschoßflächenzahl oder die Größe der Geschoßfläche, für die Zahl der Vollgeschosse und die Höhe baulicher Anlagen im Bebauungsplan kann zugleich ein Mindestmaß festgesetzt werden. Die Zahl der Vollgeschosse und die Höhe baulicher Anlagen können auch als zwingend festgesetzt werden.

(5) Im Bebauungsplan kann das Maß der baulichen Nutzung für Teile des Baugebiets, für einzelne Grundstücke oder Grundstücksteile und für Teile baulicher Anlagen unterschiedlich festgesetzt werden; die Festsetzungen können oberhalb und unterhalb der Geländeoberfläche getroffen werden.

(6) Im Bebauungsplan können nach Art und Umfang bestimmte Ausnahmen von dem festgesetzten Maß der baulichen Nutzung vorgesehen werden.

Erläuterungen:

Die Vorschrift enthält die der Bauleitplanung zur Verfügung gestellten Kenngrößen zur Bestimmung des Maßes der baulichen Nutzung. Dabei hält die VO einerseits an den bisherigen Maßfaktoren grundsätzlich fest, andererseits wird den Planungsträgern nun ausdrücklich eine Wahlmöglichkeit unter diesen eingeräumt. Die Höhe baulicher Anlagen (H) ist nunmehr eindeutig als Kenngröße des Maßes der baulichen Nutzung eingeführt. Sie tritt damit als selbständiges und gleichwertiges Element neben die schon bisher unbestrittenen Maßfaktoren Geschoßfläche (GF), Geschoßflächenzahl (GFZ), Baumasse (BM), Baumassenzahl (BMZ) und Zahl der Vollgeschosse (Z). Dies entspricht der zunehmenden Bedeutung dieses Maßfaktors im Blick auf städtebauliche Notwendigkeiten und insbesondere eine erleichterte Durchführung von Bauvorhaben. Regelbar ist die Höhe baulicher Anlagen, also nicht nur die von Gebäuden. So können z. B. Schornsteine in ihrer Höhe begrenzt, oder aus Immissionsschutzgründen zur Abführung in höhere Luftschichten mit Mindesthöhen festgesetzt werden. Nachdem bislang in der Regel die Grundflächenzahl (GRZ), GFZ und Z im BP festzusetzen und bei Ausweisung des Nutzungsmaßes im FNP insbesondere die GFZ darzustellen waren, bedeutet die Neuregelung insoweit einen erheblichen Fortschritt für Plangeber und Baurechtspraxis. Der VO-Geber ist damit im Grundsatz zum ursprünglichen Entwurf seiner Regelung zurückgekehrt, der jedoch 1962 leider nicht so übernommen worden ist. Er trägt damit – wenigstens ansatzweise – der Tatsache Rechnung, daß es in 5000 Jahren Stadtbaugeschichte keine GFZ gegeben und bis heute die übrige Welt sie nicht von uns übernommen hat. Die in Gestalt der GFZ gegebene Möglichkeit zu einer flexiblen Bestimmung des Bauvolumens schien dem stark funktionalistisch aufgefaßten Städtebau des Jahres 1962 so bestechend, daß er weder die unter diesen Vorstellungen teilweise zustande gekommenen, inzwischen sattsam bekannten Fehlleistungen voraussehen, noch die vielfältigen Vollzugsprobleme mit dieser, bei der Anwendung im einzelnen Baufall meist hoch komplizierten Rechengröße erkennen konnte. Schlechter Städtebau ist mit diesem Maßfaktor jedenfalls nicht verhindert worden. Dafür hat er aber Architekten, Geometer und Baurechtler über Jahrzehnte viel beschäftigt und teilweise zu unsinnigen Ergebnissen geführt (z. B. Unzulässigkeit vernünftiger Nutzungen von ansonsten zulässigen Räumen in Dach- und Hanguntergeschossen, auch bei Eigenheimen). Die Regelungen zum Maß der baulichen Nutzung in Bauleitplänen haben die Aufgabe, die Bebauungsdichte und im weiteren das zulässige Bauvolumen und dessen Ausformung zu bestimmen. Über Fragen der Ausgestaltung einzelner Siedlungskörper hinaus haben sie auch Bedeutung für die Umsetzung landesplanerischer Dichtevorgaben und die Planung der örtlichen Infrastruktur im weitesten Sinne.

2   Wie schon in § 5 Abs. 2 BauGB wird nun in **Abs. 1** klargestellt, daß die in dieser Vorschrift aufgeführten Möglichkeiten zu Darstellungen im FNP keine eigenständige Verpflichtung enthalten, die Darstellungen im jeweiligen Plan auch zu treffen. Abs. 1 gibt für den Fall der Darstellung des allgemeinen Maßes der baulichen Nutzung im FNP die GFZ, BMZ oder H an die Hand. Eine dieser Darstellungen genügt, andere Maßfaktoren sind danach zwar nicht ausgeschlossen, sollten aber in aller Regel nicht zusätzlich dargestellt werden, weil dies zu unerwünschter Komplizierung führt. FNP sollen nämlich nur Darstellungen in den Grundzügen treffen und unterliegen im besonderen Maße dem Gebot planerischer Zurückhaltung (möglichst großer Entwicklungsspielraum für nachfolgende BP). Nachdem zwischen Funktion und Dichte von Baugebieten ohnedies ein enger Zusammenhang besteht, dürfte häufig auch die Darstellung von GFZ und BMZ entbehrlich sein. Größere Bedeutung kann H erlangen, weil oftmals die „Unschädlichkeit" einer Bauflächenausweisung u. a. von der Höhenentwicklung der in ihr errichteten Anlagen abhängt (Stadt- und Landschaftsgestalt, Klima usw.). Mit der Regelung in § 5 Abs. 2 Nr. 1 BauGB ist klargestellt worden, daß das allgemeine Maß der baulichen Nutzung als selbständige Darstellung sowohl neben die Darstellung von Bauflächen, als auch von Baugebieten treten kann. Wie alle anderen Darstellungen des FNP ist auch die des Maßes der baulichen Nutzung kein allgemein verbindliches Ortsrecht (vorbereitender Bauleitplan). Sie bindet die Gemeinde bei der Aufstellung von BP, läßt ihr aber auch hier einen Entwicklungsspielraum. Außerdem können Maßdarstellungen im FNP Bedeutung bei der Zulassung von Vorhaben nach § 35 BauGB erlangen.

3   Wie schon in § 9 Abs. 1 BauGB wird in **Abs. 2** klargestellt, daß die Aufzählung der verschiedenen Festsetzungsmöglichkeiten keine eigenständige Verpflichtung zur Festsetzung im einzelnen BP enthält (kann ... bestimmt werden). Sie richtet sich vielmehr nach der städtebaulichen Erforderlichkeit und Abwägungsgerechtigkeit (§ 1 BauGB). Wie auch im Wort „Festsetzung" – im Unterschied zum Begriff „Darstellung" beim FNP – zum Ausdruck kommt, ist der BP, und mit ihm das festgesetzte Maß der baulichen Nutzung, allgemein verbindliches Ortsrecht (verbindlicher Bauleitplan, Satzung), das den Entscheidungen im Baugenehmigungsverfahren zugrunde gelegt wird. Der VO-Geber hat an der Festlegung von Obergrenzen für die zulässige Festsetzung

des Maßes der baulichen Nutzung im BP festgehalten (§ 17). Diese Werte binden die Gemeinden als Plangeber. Sie erlangen, im Gegensatz zu den Vorschriften über die Art der baulichen Nutzung, keine unmittelbare Verbindlichkeit (vgl. § 1 Abs. 3 Satz 2). Für die Baugenehmigungen ist stets das im BP konkret festgesetzte Nutzungsmaß bindend. Mit der neuen Nr. 4 wird unterstrichen, daß H ein selbständiger, den in den Nrn. 1–3 aufgeführten Faktoren gleichwertiger Maßbestimmungsfaktor ist. Mit der den Gemeinden eingeräumten Wahlmöglichkeit unter den Maßfaktoren kann die Gemeinde in allen Baugebietstypen z. B. anstelle der GFZ auch die BMZ oder BM im BP festsetzen. Zweckmäßig ist dies allerdings vor allem in Gewerbegebieten (GE), Industriegebieten (GI) und Sondergebieten (SO), für die in der Tabelle in § 17 Abs. 1 deshalb auch Obergrenzen für BMZ angegeben sind. In Gebieten, für die die Tabelle keine BMZ-Obergrenze enthält, beträgt diese das 3,5-fache der angegebenen GFZ-Obergrenze (vgl. § 21 Abs. 4). Grundsätzlich obliegt es der Gemeinde zu entscheiden, von welchen der in Abs. 2 bezeichneten Maßbestimmungsmöglichkeiten sie Gebrauch machen will. Wesentliche Beurteilungsgrundlage sind dabei die Grundsätze der Bauleitplanung in § 1 BauGB. Anstelle der auf die Baugrundstücksfläche bezogenen Verhältniszahlen GRZ, GFZ, BMZ können jeweils auch absolute Zahlen in m^2 bzw. m^3 als Größe der GR, GF, BM im BP festgesetzt werden. Diese absoluten Größen der Bauvorhaben sind dann im Planvollzug nicht mehr abhängig von bestimmten Grundstücksgrößen. Die Festsetzungen werden in der Planungspraxis allerdings nur in seltenen Fällen getroffen, z. B. bei „maßgeschneiderten" BP für ein bereits im Detail bekanntes Bauprojekt, oder bei besonderen Gestaltungsabsichten, bei denen eine absolute Baumassenbegrenzung für erforderlich gehalten wird.

Der neu gefaßte **Abs. 3** sieht vor, daß von bestimmten Maßfestsetzungsmöglichkeiten unter bestimmten Voraussetzungen Gebrauch gemacht werden muß. Nach Satz 1 ist – wenn im BP das zu den Qualifizierungsvoraussetzungen nach § 30 Abs. 1 BauGB gehörende Maß der baulichen Nutzung festgesetzt wird – stets die GRZ oder GR festzusetzen. Diese Verpflichtung entspricht der herausragenden Bedeutung, die diesem Maßbestimmungsfaktor für eine geordnete städtebauliche Entwicklung zukommt. Zu allen Zeiten hat der Überbauungsgrad als Bestimmungsgröße bei geplanten Städten diese Bedeutung gehabt. Sie ist insbesondere auch unter den heutigen Anforderungen an einen vorsorgenden Umwelt- und Bodenschutz sicherlich nicht geringer geworden. Die zulässige Grundfläche kann auch nach § 23, d. h. vor allem mittels Baugrenzen oder Baulinien, bestimmt werden. In diesem Fall kann auf

4

die Festsetzung von GRZ oder GR verzichtet werden. Dies hat insbesondere Bedeutung bei der Überplanung von Bestandsgebieten, in denen häufig, grundstücksweise unterschiedlich, unter Berücksichtigung des Bestandes und seiner differenzierten Fortentwicklung, auch innerhalb des Gebiets oftmals wechselnde Überbauungsgrade festgesetzt werden müssen, die in enger, sie häufig mit rechtfertigender Beziehung zur Anordnung der (oft schon vorhandenen) Baukörper stehen. Hier wäre eine komplizierte „Verschlüsselung" in GRZ oder GR wenig hilfreich. Die Möglichkeit steht den Gemeinden aber auch bei Neuplanungen zur Verfügung. Sie kann, namentlich bei der Festsetzung einer schon auf der Ebene des BP sehr sorgfältig und detailliert untersuchten, nach einer strengen, räumlich-gestalterischen Ordnungsvorstellung beabsichtigten Bebauung, zweckmäßig sein. Da der BP Grundstücksgrenzen nicht festsetzen und damit einen Bezug der einzelnen, mit den Mitteln des § 23 gebildeten „Baufenster" oder „Baustreifen" im Stadium der Bebauungsplanung nicht sicher herstellen kann, hat die Gemeinde dann allerdings die Plausibilität einer Übereinstimmung der so festgesetzten überbaubaren Grundstücksfläche mit der im Gebiet nach § 17 zulässigen GRZ bzw. deren begründete Überschreitung (§ 17 Abs. 2 und 3) darzutun. In Satz 2 wird in Übereinstimmung mit der bisherigen Regelung (§ 16 Abs. 4 Satz 2 BauNVO 77) bestimmt, daß von der Festsetzung der Z oder der H nicht abgesehen werden darf, wenn öffentliche Belange, insbesondere des Orts- und Landschaftsbildes, beeinträchtigt werden können. Es reicht mithin aus, daß diese Beeinträchtigungen eintreten können und bedarf keiner hohen Wahrscheinlichkeit für das tatsächliche Eintreten, um eine entsprechende Festsetzung im BP zu verlangen. Damit wird i. d. R. auf die Festsetzung von H oder Z im BP nicht verzichtet werden können. Mit GRZ und H oder Z bzw. überbaubaren Grundstücksflächen nach § 23 und H oder Z ist denn auch im allgemeinen das städtebaulich vertretbare Bauvolumen und der Überbauungsgrad im Gebiet hinreichend sicher bestimmt, ohne daß durch komplizierte zusätzliche (Über-) Regelungen der Planvollzug unnötig behindert oder gar das Erreichen des eigentlichen Planungsziels in Frage gestellt wird.

5 Betrachtet man die Regelungen in Abs. 3 in Zusammenhang mit der Neufassung des Abs. 2, so wird deutlich, daß der VO-Geber den Spielraum der Gemeinden für die Wahl der jeweils geeignetsten Festsetzungsmöglichkeiten zur Bewältigung ihrer städtebaulichen Aufgaben wesentlich erweitert hat, um so den unterschiedlichen örtlichen Gegebenheiten und Erfordernissen hinreichend Rechnung tragen zu können. Über eine Festsetzung der über Abs. 3 hinausgehenden Maßbestimmungen im einzelnen BP entscheidet die Ge-

meinde i. R. ihres Planungsermessens. Das im Vorfeld der Novelle viel gebrauchte Argument, die Gemeinde müsse schon im Blick auf die Berechnung der Erschließungsbeiträge und die Grundstückswertermittlung eine GFZ festsetzen, geht im Grundsatz völlig fehl. Sie verkennt das Verhältnis der Bauleitplanung zu den Aufgaben ihres Vollzugs. Letztere haben dienende Funktionen (vgl. § 8 Abs. 1 BauGB). Daß die GFZ bei den bisherigen Vollzugsberechnungen (Umlegung, Erschließung, Entschädigung) eine zentrale Berechnungsgröße abgegeben hat, ist einleuchtend, weil sie meist die zentrale Größe bei der Festsetzung des Maßes der baulichen Nutzung im BP war. Wird im BP anders festgesetzt, wird der Vollzug selbstverständlich die anderen Maßfaktoren seinen Berechnungen zugrunde legen. Nach § 132 Nr. 2 BauGB regeln die Gemeinden durch Satzung u. a. die Art der Ermittlung und Verteilung des Erschließungsaufwands. Maßstab für die Verteilung ist nach § 131 Abs. 2 Nr. 1 auch das Maß der baulichen Nutzung. Wie dieses Maß im einzelnen bestimmt wird, ist indessen der gemeindlichen Ausformung unter Zugrundelegung der BauNVO überlassen.

Abs. 4 regelt, bei welchen Maßfaktoren im BP neben der Festsetzung von **6** Höchstmaßen zugleich auch Mindestmaße, sowie zwingend einzuhaltende Maße festgesetzt werden können. In Übereinstimmung mit den bisherigen Vorschriften (§ 16 Abs. 3 und § 17 Abs. 4 BauNVO 77) können bei der Festsetzung von H und Z neben Höchstmaßen zugleich Mindestmaße, sowie zwingend einzuhaltende Maße festgesetzt werden. Die Festsetzung von Höchstmaßen entspricht dem System der planungsrechtlichen Vorschriften, die im allgemeinen den Rahmen abstecken, innerhalb dessen Baufreiheit besteht. Sie läßt den Bauherren ein Höchstmaß an Gestaltungsraum. Demgegenüber ist die Festsetzung zwingender Maße, die weder unter- noch überschritten werden dürfen, der weitestgehende Eingriff in die Baufreiheit. Dementsprechend bedarf eine derartige Festsetzung einer besonderen Begründung, die in aller Regel von gewichtigen öffentlichen Interessen getragen sein muß. Die Gemeinde hat zu prüfen, ob unter Beachtung der jeweils gravierend betroffenen privaten Interessen mit der Festsetzung der Grundsatz der Verhältnismäßigkeit und damit eine gerechte Abwägung noch gewahrt sind. Der Einsatz dieses stringenten Instruments wird nur in seltenen Fällen gerechtfertigt sein. Denkbar sind z. B. das Einfügen von Gebäuden in der Nachbarschaft von Kulturdenkmalen, die Schließung von Baulücken in städtebaulich wertvollen Ensembles, oder städtebaulich besonders bedeutsame Gestaltungsabsichten bei stadtbildprägenden Platzbildungen und dgl. Zur Zulassung geringfügiger Abweichungen vgl. § 18 Abs. 2. Die Festsetzung von Mindestmaßen ist, wie die Festsetzung zwingender Maße, ein erheblicher Eingriff in das Eigentum. Auch wenn sie gegenüber dieser das mildere Mittel darstellt, weil dem Eigentümer immerhin der Spielraum zwischen der festgesetzten Mindest- und Höchstgrenze für seine Gestaltung bleibt, bedarf auch diese Form der Festsetzung besonderer Begründung. In den allermeisten Fällen wird diese Festsetzung in der städtebaulichen Praxis ausreichen. Die früher in § 16 Abs. 3 BauNVO 77 eröffnete Möglichkeit, lediglich eine Mindestgrenze der H festzusetzen, ist entfallen. Diese Möglichkeit erlangte keine praktische Bedeutung, weil es aus Gründen der Sicherung der städtebaulichen Ordnung kaum Fälle geben wird, in denen auf eine obere Begrenzung der baulichen Anlagen im BP verzichtet werden kann. Insoweit ist die gleichzeitige Festsetzung von Höchst- und Mindestmaßen für H ausreichend und sachgerecht. Ganz neu ist die Möglichkeit in Abs. 4, für die GFZ oder GF neben dem Höchstmaß zugleich ein Mindestmaß festzusetzen. Sie soll der Sicherung einer Mindestausnutzung des vorgegebenen Maßes der baulichen Nutzung und damit dem flächensparenden Bauen dienen. Auch dieses Mindestmaß greift erheblich in die Baufreiheit ein und kann den Eigentümer, etwa bei der Finanzierung des seine Bedürfnisse übersteigenden vorgeschriebenen Bauvolumens, in erhebliche Schwierigkeiten bringen. Die Maße sind daher im allgemeinen so zu gestalten, daß dem Bauherrn zwischen der Unter- und Obergrenze der GFZ eine ausreichende Bandbreite für die Verwirklichung seines Vorhabens bleibt. Je größer diese Bandbreite allerdings wird, um so weniger notwendig wird die Festsetzung einer Mindest-GFZ. Die Festsetzung ist mit evtl. anderen, aus Gründen eines sparsamen und schonenden Umgangs mit Grund und Boden getroffenen Regelungen des BP abzustimmen, namentlich mit Festsetzungen über Höchstmaße von Grundstücksgrößen (§ 9 Abs. 1 Nr. 3 BauBG). Bei Wohnbaugrundstücken wird diese Festsetzung i. d. R. zur Sicherung des Planungsziels ausreichen und zudem besser geeignet sein; sie vermeidet eine weitere Verkomplizierung im Umgang mit der im Vollzug ohnedies problematischen GFZ, beläßt dem Bauherrn die Möglichkeit einer Realisierung in Bauabschnitten und hat den großen Vorteil, daß sie über die Grundstückszuschnitte primär auf eine flächensparende Grundstruktur des Baugebiets abstellt. Außerdem kann die Festsetzung die Eigentumsbildung weiter Kreise der Bevölkerung günstig beeinflussen.

7   In **Abs. 5** sind die schon nach bisherigem Recht gegebenen räumlichen Differenzierungsmöglichkeiten bei der Festsetzung des Maßes der baulichen Nutzung zusammengefaßt worden. Danach kann das Maß für Teilbereiche des Baugebiets, für einzelne Grundstücke oder für Teile von Grundstücken, sowie

– als weitestgehende Differenzierung gedacht – für Teile baulicher Anlagen unterschiedlich festgesetzt werden. Die Festsetzungen können oberhalb und unterhalb der Geländeoberfläche getroffen werden. Damit steht der Gemeinde eine, den vielfältigen Differenzierungsmöglichkeiten bei der Festsetzung der Art der baulichen Nutzung (§ 1 Abs. 7 und 8) entsprechende, umfassende Festsetzungspalette zur Verfügung. Mit allgemeiner städtebaulicher Begründung werden für Teile von Baugebieten, für einzelne Grundstücke oder Grundstücksteile, unterschiedliche Maßfestsetzungen häufig getroffen. Dies entspricht einem in der Praxis der Bauleitplanung verbreiteten Bedürfnis. Höhere Anforderungen sind hingegen an den Nachweis der Erforderlichkeit und Abwägungsgerechtigkeit (Begründung zum BP) bei unterschiedlicher Festsetzung nach Teilen baulicher Anlagen zu stellen, auch wenn für diesen Fall nicht ausdrücklich besondere städtebauliche Gründe in der VO gefordert werden. Die Tiefe des Eingriffs erfordert jedenfalls eine spezielle, diese differenzierende Festsetzung innerhalb baulicher Anlagen rechtfertigende Begründung (vgl. auch § 1 Rn 6). Nach der klarstellenden Erweiterung der Maßfaktoren um H zeigt z. B. die nunmehr nach Abs. 5 grundsätzlich mögliche Festsetzung einer unterschiedlichen H für einzelne Gebäudeebenen (Geschosse) – im Extrem sogar zwingend (vgl. Abs. 4) – die Problematik des städtebaulichen Planens „innerhalb der Gebäude". Dies macht die Grenzen einer nach dem Verhältnismäßigkeitsgrundsatz noch zulässigen unterschiedlichen Festsetzung des Maßes der baulichen Nutzung für Teile baulicher Anlagen deutlich. Solche einengenden Festsetzungen werden die Ausnahme bleiben müssen. Da die Festsetzungen i. d. R. für eine Überbauung der Grundstücke getroffen werden, sind auch bei den Festsetzungen über das Maß der baulichen Nutzung Regelungen oberhalb der Geländeoberfläche der Normalfall.

Abs. 6 sieht vor, daß im BP auch Ausnahmen von dem festgesetzten Maß der 8
baulichen Nutzung vorgesehen werden können. Dies ermöglicht die Festsetzung von Ausnahmen von einzelnen oder mehreren der im BP festgesetzten Maßfaktoren. Bei der Festsetzung solcher Ausnahmen sind die Obergrenzen des § 17 maßgeblich, d. h. die Gemeinde muß sich mit ihrer Maßfestsetzung im BP insgesamt (allgemein zulässig und ausnahmsweise zulassungsfähig) im Rahmen der Obergrenzen des § 17 Abs. 1 sowie deren begründeter Überschreitung nach § 17 Abs. 2 und 3 halten. Auch hier gibt es – wie bei allen Maßbestimmungen – keine Festsetzungsautomatik. Ausnahmen nach Abs. 6 bedürfen einer Festsetzung durch die Gemeinden im einzelnen BP. Erst wenn dies erfolgt ist, kann die Baugenehmigungsbehörde nach § 31 Abs. 1 BauGB im Einvernehmen mit der Gemeinde von den Festsetzungen des BP insoweit

Ausnahmen zulassen. Wie alle Ausnahmen müssen sie im BP nach Art und Umfang bestimmt sein (vgl. § 31 Abs. 1 BauGB). Die früher in der VO (§ 17 Abs. 5 BauNVO 77) enthaltene Einschränkung der Festsetzbarkeit von Ausnahmen nach der Art (auf Z, GRZ oder GR) und dem Umfang (GFZ oder GF, BMZ oder BM nicht überschritten) sind entfallen. Dies ist sachgerecht. Es war nämlich nicht einsehbar, warum eine Gemeinde, die im Rahmen ihres Planungsermessens die GFZ hoch oder niedrig festsetzen kann, daran gehindert sein sollte, innerhalb der zulässigen Grenzen ihre Festsetzung nach allgemeiner Zulässigkeit und ausnahmsweiser Zulassungsfähigkeit im Einzelfall zu differenzieren.

§ 17 Obergrenzen für die Bestimmung des Maßes der baulichen Nutzung

(1) Bei der Bestimmung des Maßes der baulichen Nutzung nach § 16 dürfen, auch wenn eine Geschoßflächenzahl oder eine Baumassenzahl nicht dargestellt oder festgesetzt wird, folgende Obergrenzen nicht überschritten werden:

1	2	3	4
Baugebiet	Grund-flächenzahl (GRZ)	Geschoß-flächenzahl (GFZ)	Baumas-senzahl (BMZ)
in Kleinsiedlungsgebieten (WS)	0,2	0,4	–
in reinen Wohngebieten (WR) allgem. Wohngebieten (WA) Ferienhausgebieten	0,4	1,2	–
in besonderen Wohngebieten (WB)	0,6	1,6	–
in Dorfgebieten (MD) Mischgebieten (MI)	0,6	1,2	–
in Kerngebieten (MK)	1,0	3,0	–

1	2	3	4
Baugebiet	Grund-flächenzahl (GRZ)	Geschoß-flächenzahl (GFZ)	Baumas-senzahl (BMZ)
in Gewerbegebieten (GE) Industriegebieten (GI) sonstigen Sondergebieten	0,8	2,4	10,0
in Wochenendhausgebieten	0,2	0,2	–

(2) Die Obergrenzen des Absatzes 1 können überschritten werden, wenn
1. besondere städtebauliche Gründe dies erfordern,
2. die Überschreitungen durch Umstände ausgeglichen sind oder durch Maßnahmen ausgeglichen werden, durch die sichergestellt ist, daß die allgemeinen Anforderungen an gesunde Wohn- und Arbeitsver-hältnisse nicht beeinträchtigt, nachteilige Auswirkungen auf die Um-welt vermieden und die Bedürfnisse des Verkehrs befriedigt werden, und
3. sonstige öffentliche Belange nicht entgegenstehen.
Dies gilt nicht für Wochenendhausgebiete und Ferienhausgebiete.
(3) In Gebieten, die am 1. August 1962 überwiegend bebaut waren, kön-nen die Obergrenzen des Absatzes 1 überschritten werden, wenn städ-tebauliche Gründe dies erfordern und sonstige öffentliche Belange nicht entgegenstehen. Absatz 2 Satz 1 Nr. 2 ist entsprechend anzuwenden.

Erläuterungen:

§ 17 regelt, wie bisher, die Obergrenzen für die Festsetzung des Maßes der **1** baulichen Nutzung. Durch die Neufassung des Einleitungssatzes in **Abs. 1** wird klargestellt, daß die Vorschrift nur für die Bauleitplanung verbindlich ist. Die in der Tabelle aufgeführten Zahlenwerte binden die Träger der Bauleitpla-nung als Plangeber und entfalten keinerlei direkte Verbindlichkeit für einzelne Bauvorhaben. § 17 gehört nicht zu den Vorschriften, die mit der Festsetzung eines Baugebiets Bestandteil des BP werden (vgl. § 1 Abs. 3). Für die Baugenehmigungen ist vielmehr stets das im jeweiligen BP konkret festgesetzte Nutzungsmaß bindend. Die in Abs. 1 bezeichneten Obergrenzen für die einzelnen Baugebiete dürfen bei der Bestimmung des Maßes der baulichen Nutzung im BP durch die Gemeinde im allgemeinen nicht überschritten werden. Sie sind aber auch keine Regelwerte, die unbesehen in die BP übernommen werden können. Der Träger der Bauleitplanung kann nach Maßgabe des § 1 BauGB, insbesondere nach den Grundsätzen der Bauleitplanung, im Rahmen seines Planungsermessens entscheiden, inwieweit er die Höchstwerte ausschöpft oder unterschreitet. Das festgesetzte Maß der baulichen Nutzung gehört zu den zentralen Punkten eines BP, die stets der Begründung bedürfen. Dies gilt vor allem dann, wenn sehr hohe Werte (bis zu den Höchstwerten) oder sehr niedrige Werte festgesetzt werden. In letzterem Fall ist insbesondere darzulegen, wie das niedrige Nutzungsmaß mit dem Grundsatz eines sparsamen und schonenden Umgangs mit Grund und Boden (§ 1 Abs. 5 BauGB) zu vereinbaren ist. Die in der Tabelle in Abs. 1 aufgeführten Obergrenzen sind nicht mehr nach der Zahl der Vollgeschosse (Z) differenziert. Diese Abhängigkeit ist aufgegeben worden. Zum einen waren die Gemeinden über die BauNVO nicht in der Wahl einer festzusetzenden Z beschränkt. Zum anderen bedeutete die Abhängigkeit der übrigen Maßfaktoren von der festgesetzten Z eine unnötige und oftmals auch nicht sachgerechte Einengung der gemeindlichen Planungsmöglichkeiten. Der in der früheren Regelung hergestellte Zusammenhang zwischen hoher Z und hoher Geschoßflächenzahl (GFZ) hat vielen Fehlentwicklungen den Boden bereitet, weil hohe Baudichte mit hoher Z begrifflich gleichgesetzt wurde. Dies trifft indessen nicht zu; jede Bauform hat bekanntlich bei der notwendigen Beachtung aller baurechtlichen Vorschriften einen spezifischen, Z-abhängigen Dichteverlauf. Vor allem wurde aber nach der früheren Tabelle die, z. B. unter sozialen Aspekten, besonders günstige sog. Flachbauverdichtung (bis Z = 3 bzw. 5) benachteiligt. Nach § 16 Abs. 3 ist die Grundflächenzahl (GRZ) oder Grundfläche (GR) stets festzusetzen (vgl. § 16 Rn 4). Bei den übrigen Maßfaktoren hat die Gemeinde eine Wahlmöglichkeit. Wird dabei auf die Festsetzung der GFZ oder BMZ verzichtet, (vgl. § 16 Abs. 2) sollen für den Plangeber gleichwohl die Obergrenzen der Tabelle gelten (vgl. Einleitungssatz). Werden als Maß der baulichen Nutzung im BP z. B. die GRZ und H festgesetzt, muß die Gemeinde in der Begründung zum BP plausibel dartun, daß die Tabellen-Obergrenze nicht überschritten ist, oder im Falle einer Überschreitung die Voraussetzungen des Abs. 2 oder 3 gegeben sind. Im nachfolgenden Anzeige- bzw. Genehmigungsverfahren ist die Festsetzung auf ihre Plausibilität hin zu prüfen. Da die Gemeinde – namentlich in bewegter Topographie – mit GRZ und H häufig sehr viel sicherer das städtebaulich vertretbare Bauvolumen eingrenzen kann, als dies z. B. mit GRZ, Z und GFZ der Fall ist, wird sie eben diese Vertretbarkeit, ggf. unter Inanspruchnahme von Abs. 2 oder 3, in der Begründung zum BP darlegen. Sie erreicht dadurch nicht nur eine sichere Bestimmung des Bauvolumens und damit der Stadtgestalt, sondern gleichzeitig einen von unnötigen und komplizierten Berechnungen (Z und GFZ) in jedem einzelnen Baufall freien Planvollzug, der dem Bauherrn zudem wesentlich mehr Spielraum beläßt.

Für Dorfgebiete (MD) und Mischgebiete (MI) ist die Obergrenze der GRZ in der **2** Tabelle von bisher 0,4 auf 0,6 angehoben worden. Die GFZ beträgt einheitlich 1,2. Damit wird sie für MD von bisher 0,8 auf 1,2 angehoben. Diese Änderungen tragen den Gegebenheiten und Bedürfnissen in der Praxis der Stadtplanung Rechnung. Beide Gebietsarten übernehmen in kleineren Gemeinden oft die Aufgaben des Kerngebiets (MK) in größeren Städten und sind häufig auch als Bestandsgebiete schon entsprechend dicht bebaut, ohne daß dadurch die geordnete städtebauliche Entwicklung beeinträchtigt worden wäre. Die allgemeine Zulässigkeit des Wohnens in beiden Gebieten steht dem nicht entgegen wenn man bedenkt, daß für die dem Wohnen immer mehr geöffneten MK die Obergrenzen in der Tabelle 1,0 bzw. 3,0 betragen. Für MD bedeutet dies – zusammen mit dem erweiterten Nutzungskatalog in § 5 – eine Aufwertung als Gebietstyp. Durch die verstärkte Hinwendung zur Realität und die Ausrichtung an den zukünftigen städtebaulichen Bedürfnissen wird das eher von dörflicher Idylle geprägte bisherige Leitbild aufgegeben. Dies bedeutet aber keineswegs, daß die Gemeinde nicht alle begründbaren – auch dörflich idyllische – Ausprägungen von MD bei Bedarf festsetzen könnte. Wie bei den anderen Obergrenzen in § 17 wird die Gemeinde auch hier stets zu prüfen haben, ob bei der Festsetzung des Maßes der baulichen Nutzung im einzelnen BP deren Ausschöpfung gerechtfertigt ist. Für MK ist die Obergrenze der GFZ von bisher 2,4 auf 3,0 angehoben worden. Dies ist mit Rücksicht auf die technischen Anforderungen an kerngebietstypische Nutzungen erfolgt, die häufig größere technische Zubehöre in den Gebäuden erfordern. Die bislang in Abs. 3 (BauNVO 77) geregelte zusätzliche generelle Volumenbegrenzung ist jetzt in § 21 Abs. 4 enthalten, wobei die Möglichkeit, im BP festsetzen zu können, daß eine größere Geschoßhöhe als 3,5 m außer Betracht bleibt, wenn sie ausschließlich durch die Unterbringung haustechnischer Anlagen bedingt ist, nicht übernommen wurde. Da aber gerade in MK durch haustechnische Anlagen bedingte höhere Geschosse oftmals vorkommen, wird sich durch die Anhebung der GFZ beim zulässigen Bauvolumen keine wesentliche

Veränderung ergeben. Auch die städtebauliche Funktion des MK wird durch die Anhebung nicht beeinträchtigt. Für Gewerbegebiete (GE), Industriegebiete (GI) und sonstige Sondergebiete (SO) sind einheitliche Obergrenzen mit GRZ 0,8, GFZ 2,4 und BMZ 10,0 festgelegt worden. Dies hat seinen Grund darin, daß die gewerbliche, industrielle und in bestimmten Fällen auch die Sondernutzung im Regelfall, was die Bebauungsdichte anbelangt, gleiche Anforderungen und städtebauliche Auswirkungen haben. Bei sonstigen SO hängt das vertretbare Nutzungsmaß allerdings wesentlich von der konkreten Nutzungsart ab. Die Obergrenzen in der Tabelle sind als solche an Nutzungen mit hoher Baudichte orientiert; mit anderen SO sind, entsprechend ihrer jeweiligen Nutzungsart, die Obergrenzen nicht ausschöpfbar. Sonstige SO erfahren erstmals eine Begrenzung der GRZ in der VO, was der besonderen Bedeutung dieses Maßfaktors für eine geordnete städtebauliche Entwicklung entspricht. Wie schon bislang für SO (§ 17 Abs. 8 BauNVO 77), werden nun auch für GE und GI sowohl eine Obergrenze der GFZ, als auch der BMZ vorgegeben. Wie bisher schon für SO (§ 17 Abs. 8 BauNVO 77) vorgesehen, sollen diese beiden Obergrenzen die Flexibilität der Gemeinden in der Wahl des jeweils geeignetsten Maßfaktors verbessern, da die gewerblichen Baustrukturen erhebliche Unterschiede aufweisen können (z. B. großvolumige Fertigungshallen und reine Geschoßbauten). Wie beim MK ist auch hier technikbedingt die BMZ von früher 9,0 auf 10,0 angehoben worden; dies entspricht einer durchschnittlichen Geschoßhöhe von 4,0 m. In vielen Fällen günstiger, weil einfacher und klarer, wird aber auch bei diesen Gebietsarten anstelle der GFZ oder BMZ die Festsetzung von H sein. Sie erfaßt und begrenzt in eindeutiger Weise die Höhenausdehnung der baulichen Anlagen, ohne die vorgenannte Frage, ob eine GFZ oder eine BMZ geeigneter ist, überhaupt aufzuwerfen.

3 Nach **Abs. 2 und 3** können die Obergrenzen des Abs. 1 unter bestimmten Voraussetzungen überschritten werden. Die Vorschriften stellen im Blick auf eine an den Grundsätzen der Bauleitplanung und gerechten Abwägung (§ 1 Abs. 5 und 6 BauGB) ausgerichtete Bauleitplanung das notwendige Regulativ zur ansonsten starren Obergrenzenregelung in Abs. 1 dar. Diese Obergrenzen sollen insbesondere gesunde Wohn- und Arbeitsverhältnisse und eine befriedigende Lösung der Verkehrsfragen sichern; sie sind am Normalfall orientiert. Städtebauliche Planung hat es aber nicht nur mit Normalfällen zu tun. Im Gegenteil hat sie sich gerade dort zu bewähren, wo es nicht um Normalfälle geht, die sich im Zweifel auch ohne engmaschige planungsrechtliche Regelungen nicht wesentlich anders entwickeln würden. Ziel und Rechtfertigung

aller bundesrechtlichen Vorgaben für die gemeindliche Bauleitplanung sind – mindestens soweit es die Vorsorge betrifft – an Qualitätsmerkmalen ausgerichtete Anforderungen an eine geordnete städtebauliche Entwicklung. **Abs. 2** entspricht im wesentlichen dem früheren Abs. 10 (BauNVO 77). Voraussetzung für die Festsetzung eines höheren Nutzungsmaßes im BP ist danach, daß die in den Nrn. 1–3 aufgeführten rechtfertigenden Gründe zusammentreffen. In **Nr. 1** werden besondere städtebauliche Gründe verlangt. Hierin liegt ein Unterschied zu Abs. 3, d. h. an die Begründung der Überschreitung werden höhere Anforderungen gestellt. Die Gemeinde muß darlegen, warum sie gerade in dieser Situation – ggf. unter Zuhilfenahme von Maßnahmen nach Nr. 2 – höhere Nutzungsmaße festsetzt. Eine derartige (stichhaltige) Begründung für die spezielle Situation genügt der Anforderung in Nr. 1. Besondere städtebauliche Gründe, die eine Überschreitung der Obergrenzen des Abs. 1 erfordern, können insbesondere auch in einer weitergehenden Erhaltung freier Landschaft liegen, die erst durch eine höhere Baudichte möglich wird. Nach **Nr. 2** werden weiter ausgleichende Umstände oder Maßnahmen zur Vermeidung sonst möglicher nachteiliger Auswirkungen auf gesunde Wohn- und Arbeitsverhältnisse, die Umwelt und die Befriedigung der Verkehrsbedürfnisse gefordert. Die Vorschrift verlangt damit zu den genannten, bei größerer Baudichte am häufigsten betroffenen Belangen, den Nachweis eines Ausgleichs. **Nr. 3** verlangt schließlich, daß sonstige öffentliche Belange nicht entgegenstehen. Dies verdeutlicht, daß neben den besonders herausgehobenen Belangen in Nr. 2 auch alle anderen Belange, wie sie insbesondere in den Grundsätzen der Bauleitplanung und dem Abwägungsgebot (§ 1 Abs. 5 und 6 BauGB) zum Ausdruck kommen, nicht verletzt werden dürfen. Der Begriff „entgegenstehen" in Nr. 3 zeigt, daß eine Art Abwägung zwischen den für eine Überschreitung des Nutzungsmaßes sprechenden Gründen und dem jeweils berührten öffentlichen Belang stattfindet. Erst wenn der Belang gravierend verletzt wird, kann er entgegenstehen und die Überschreitung hindern. Es ist ggf. Aufgabe des Trägers der Planung darzutun, auf welche Weise die nachteiligen Auswirkungen im Rahmen der Nr. 2 durch die konkrete Planung auf Dauer ausgeglichen werden, d. h. welche kompensatorischen Regelungen schon getroffen sind oder mit dem BP getroffen werden. Als ausgleichende Umstände kommen in Betracht: z. B. die Nachbarschaft zu planungsrechtlich abgesicherten Freiflächen, wie Stadtparks, Flußläufe, landwirtschaftliche Flächen und dgl. Mit der neu aufgenommenen Forderung zur Vermeidung nachteiliger Auswirkungen auf die Umwelt ist in der Begründung nicht nur der vorteilhafte (ausgleichende) Einfluß der gesicherten Freifläche auf das Baugebiet mit höherer Baudichte, sondern auch die Unschädlich-

keit der hohen Baudichte für die (ausgleichende) Freifläche darzulegen. Als
ausgleichende Maßnahme kommen z. B. in Betracht: Die Schaffung fremder
Sicht entzogener Wohnhöfe, künstlicher Frei-, Grün- und Wasserflächen
durch besondere Bauformen, Dach- und Wandbegrünungen, Wasserdächer
und dgl.

4 Abs. 3 schafft erleichterte Überschreitungsvoraussetzungen für am 1. 8. 62
bereits überwiegend bebaute Gebiete. Mit der weiteren Konkretisierung des
Zeitpunkts wird klargestellt, daß die Verhältnisse zum Zeitpunkt des Inkrafttretens der (ersten) BauNVO maßgebend sind. Zum Begriff „überwiegend
bebaut" vgl. § 4 a Rn 1. Voraussetzung ist auch bei Abs. 3, daß städtebauliche Gründe die Überschreitung erfordern und sonstige öffentliche Belange
nicht entgegenstehen. Werden in einem derartigen Gebiet so tiefgreifende
Veränderungen geplant, daß der Bestand seine prägende Wirkung für das
Gebiet verliert, kann ein erhöhtes Nutzungsmaß nur unter den Voraussetzungen des Abs. 2 festgesetzt werden. Dies bedeutet insbesondere, daß
dann besondere städtebauliche Gründe und ein voller Ausgleich durch Maßnahmen oder Umstände nachgewiesen werden müssen. Diese differenzierte
Behandlung der Planungsfälle der Abs. 2 und 3 ist darin begründet, daß das
planerische Ziel der erhaltenden Erneuerung und behutsamen Fortentwicklung der Gebiete nach Abs. 3 schon einen besonderen städtebaulichen
Grund darstellen kann. Dies rechtfertigt die Erleichterung für die Begründung einer Überschreitung. In Bestandsgebieten kann eine Ausgleichpflicht
allerdings nur insoweit bestehen, als ein Ausgleich tatsächlich geschaffen
werden kann. Die Differenzierung in der Ausgleichspflicht bei Neuplanungen
und Bestandsgebieten ist sachgerecht, da die Gemeinde im Falle einer
Neuplanung viele Möglichkeiten zu kompensatorischen Maßnahmen und
deren Umsetzung in Vorschriften des BP hat. Bei einer Überplanung von Bestandsgebieten sind diese dagegen u. U. sehr eingeschränkt, da im Gebiet
z. B. nicht nur eine höhere Dichte als in Abs. 1 bereits angetroffen wird, sondern auch die bestehende Verteilung der Baumassen und Erschließungsanlagen die Veränderungsmöglichkeiten erheblich beschneiden. Die Abs. 2 und 3
enthalten keine Regelung, bis zu welchem Wert die Obergrenzen überschritten werden dürfen. Wissenschaftlich gesicherte Erkenntnisse, bei welcher
Bebauungsdichte gesunde Wohn- und Arbeitsverhältnisse allgemein nicht
mehr gegeben sind, gibt es nicht. Die Verträglichkeit, auch hoher Dichten,
hängt vielmehr im einzelnen Planungsfall von vielen städtebaulichen Aspekten ab. Ein absoluter Grenzwert wird daher zu Recht in der VO nicht vorgegeben. Sowohl aus den Obergrenzen in Abs. 1, als auch der neuen Obergrenze

in § 19 Abs. 4 Satz 2, sowie allgemeinen städtebaulichen Überlegungen er-
gibt sich, daß die Überschreitungsmöglichkeiten bei einer GRZ von 0,8 i. d. R.
ihr Ende finden. Mehr als 80% der Baugrundstücke mit baulichen Anlagen zu
überdecken ist im allgemeinen, jedenfalls großflächig, nicht mehr vertretbar.
Eine Ausnahme bilden hier aus funktionellen Gründen lediglich die MK. Für
Wochenend- und Ferienhausgebiete können die Obergrenzen der Tabelle in
Abs. 1 nicht überschritten werden. Der früher auch für Kleinsiedlungsgebiete
(WS) und MD geltende Ausschluß (§ 17 Abs. 10 Satz 2 BauNVO 77) ist weggefallen. Dem WS sind entsprechend seiner Eigenart (Wohngebäude mit größeren Nutzgärten) in Abs. 1 niedere Obergrenzen zugeordnet worden. Diese
können bei der Festsetzung im BP begründet überschritten werden, solange
die Gebietseigenart noch gewahrt bleibt. Von großer Bedeutung ist jedoch,
daß eine Überschreitung der Obergrenzen nunmehr auch für MD eingeräumt
wird. Neben der Erweiterung der im Gebiet zulässigen Anlagen (§ 5) und der
Anhebung der Obergrenzen des Maßes der baulichen Nutzung (Abs. 1), ist die
Möglichkeit zur Festsetzung höherer Nutzungsmaße ein wichtiger Beitrag zu
einem erweiterten und verbesserten Einsatz dieses, namentlich für die Fortentwicklung städtebaulicher Bestände im ländlichen Raum, wichtigen Baugebietstyps.

§ 18   Höhe baulicher Anlagen

**(1) Bei Festsetzung der Höhe baulicher Anlagen sind die erforderlichen
Bezugspunkte zu bestimmen.**
**(2) Ist die Höhe baulicher Anlagen als zwingend festgesetzt (§ 16 Abs. 4
Satz 2), können geringfügige Abweichungen zugelassen werden.**

BauNVO 1977, 1968, 1962

entsprach der jetztigen Regelung in § 20 Abs. 1.

Geographisches Institut
der Universität Kiel
Neue Universität

Erläuterungen:

1 Der neu gefaßte § 18 regelt die Höhe (H) und verdeutlicht damit die Heraushebung dieses Maßfaktors, wie sie sich aus § 16 Abs. 1 und 2 ergibt. Er bedurfte keiner weiteren Definition in der VO. In dieser allgemeinen Verständlichkeit eines Höhenmaßes, im BP in Meter angegeben, liegt für den Plangeber, ebenso wie für Architekten, Bauherren, Nachbarn und interessierte Öffentlichkeit, ein entscheidender Vorteil gegenüber anderen – hoch komplizierten – Kenngrößen für das Maß der baulichen Nutzung, die oftmals nach Verwirklichung des BP für alle Beteiligten zu unliebsamen Überraschungen führen können. Gewisse Schwierigkeiten können sich indessen auch hier aus den gewählten Bezugspunkten für das festgesetzte Höhenmaß ergeben. In flachem Gelände dürfte es wenig Probleme geben. Schwieriger wird es dagegen in stark hängigem Gelände. Aber gerade hier hat sich schon in der Vergangenheit die Festsetzung von H anstelle Z in der gemeindlichen Planungspraxis außerordentlich gut bewährt. **Abs. 1** verlangt ausdrücklich die erforderlichen Bezugspunkte für die H-Festsetzung im BP zu bestimmen. Dies wäre schon aus allgemeinen Erwägungen unverzichtbar, weil anders die Anforderungen an die Bestimmtheit der Festsetzung nicht erfüllt werden könnten. Die Gemeinde hat dabei ein weites Ermessen. Alle Bezugspunkte, die den Grundsätzen der Eindeutigkeit und Bestimmtheit genügen, sind zulässig. Als untere Bezugspunkte kommen z. B. in Betracht: Die – im Baugenehmigungsverfahren – festgelegte Geländeoberfläche, die vorhandene (natürliche) Geländeoberfläche, die – im BP festgesetzte – Straßenhöhe, die Erdgeschoßfußbodenhöhe (EFH) bei Festsetzung der Höhenlage der Gebäude (§ 9 Abs. 2 BauGB) bezogen auf NN oder einen anderen konkret festgesetzten Höhenpunkt. Unter den genannten Möglichkeiten dürfte die festgelegte Geländeoberfläche in den meisten Fällen am geeignetsten sein. Sie läßt sich durch ihre Fixierung in den Bauvorlagen jederzeit leicht belegen und überprüfen. Sie ist auch deshalb besonders sachgerecht, weil sie als – neuer – Geländeverlauf auf Dauer die Stadtgestalt prägt und die in Erscheinung tretende Höhe der baulichen Anlagen tatsächlich bestimmt. Die Bezugnahme von H auf den Verlauf des vorhandenen Geländes kann dagegen im Vollzug zu erheblichen Schwierigkeiten führen, weil z. B. bei der Baumaßnahme, nach den im Zuge der Bauarbeiten erfolgten Geländeveränderungen, die Bezugspunkte vor Ort nicht mehr greifbar sind; sie könnten mithin nur bei entsprechend sorgfältiger Dokumentation in den Bauvorlagen ihre Funktion erfüllen. Diese Festsetzungsart dürfte nur in besonders gelagerten Planungsfällen Anwendung finden, in denen aus gestalterischen Gründen die Geländeoberfläche bei den

einzelnen Bauvorhaben nicht verändert werden darf. Eine Bezugnahme auf die festgesetzte Straßenhöhe (§ 9 Abs. 1 Nr. 11 i. V. m. Abs. 2 BauGB) kann z. B. bei direkt angebauten Stadtstraßen oder bei sog. „Panoramastraßen", die im Hanggelände trotz Anbau freie Aussicht gewähren sollen, zweckmäßig sein. Die Bezugnahme auf EFH würde eine durchgängige Festsetzung dieses Wertes für die einzelnen Baugrundstücke im BP voraussetzen, wovon in bewegtem Gelände jedoch abzuraten ist. Nur eine außerordentlich umfassende und sorgfältige Detailplanung schon auf der Ebene des BP, bzw. der ihm zugrundeliegenden informellen Pläne, könnte der Gemeinde die notwendigen Unterlagen verschaffen. Ist dies nicht der Fall, ist bei einer Vielzahl von Einzelvorhaben sowohl mit gestalterischen Fehlleistungen, als auch mit Schwierigkeiten bei der Gebäudeentwässerung zu rechnen. Als obere Begrenzung der Höhe, die ebenfalls eindeutig erfolgen muß, kommen z. B. in Betracht: die Traufhöhe (TH) die Firsthöhe (FH), die oberste Außenwandbegrenzung (OAB). Da diese Begriffe gesetzlich nicht definiert sind, muß die Gemeinde im BP dies für die von ihr für die Festsetzung von H gewählten Begriffe selbst tun. Unter TH wird im allgemeinen bei Gebäuden mit geneigten Dächern die Höhenlage der Schnittkante der Außenwand mit der Dachhaut verstanden. Es kommt demnach nicht auf die tatsächliche Höhenlage der Trauf-(Dach-)Rinne an, die z. B. durch die Ausbildung von Dachvorsprüngen beliebig verändert werden kann, ohne daß sich dies auf die Höhe des Gebäudes auswirkt. Unter FH ist im allgemeinen die Höhenlage der oberen Dachbegrenzungskante geneigter Dächer zu verstehen. Der Begriff findet Anwendung auf unterschiedliche Dachformen (z. B. Sattel-, Pult-, Walmdach). Bei Zeltdächern gibt es zwar keinen First; hier wird sinngemäß die Dachspitze von FH erfaßt. Bei der oberen Eingrenzung von Gebäuden mit geneigten Dächern hat die Gemeinde die verschiedenen, ihr zur Verfügung stehenden Festsetzungen aufeinander abzustimmen. So kann z. B. bei nicht zu großer Tiefe der festgesetzten überbaubaren Grundstücksfläche die Festsetzung von TH ausreichen. Wird dagegen eine sehr tiefe überbaubare Grundstücksfläche und gleichzeitig eine steile Dachneigung festgesetzt, bedarf es der Festsetzung von FH, oder ggf. von TH und FH. Die Festsetzung der obersten Außenwandbegrenzung ist das geeignete Mittel bei der Festsetzung von Flachdächern, bei denen es weder First noch Traufe gibt.

Die Festsetzung von H kann auch für einzelne Gebäudeseiten unterschiedlich **2** erfolgen; dies bietet sich z. B. in stark hängigem Gelände an, wo aus stadtgestalterischen Gründen eine nach Hang- und Talseite differenzierte H zweckmäßig sein kann. Wie bei allen Festsetzungen eines BP, endet dann die Baumöglichkeit im Einzelfall dort, wo die festgesetzte H zuerst ausgeschöpft ist. Je nach Festsetzung kann z. B. bei voller Ausschöpfung von bergseitiger und talseitiger H – namentlich bei großer Bautiefe – ein abgetreppter Baukörper entstehen. Die Gemeinden sollten die mit der Aufnahme von H in die Maßfaktoren (§ 16 Abs. 2) gegebenen Möglichkeiten zur Vereinfachung insbesondere des Planvollzugs, der letztendlich wesentlicher Teil jeder Planung ist, voll nutzen. Dazu kann nicht nur der Verzicht auf die Festsetzung von Geschoßflächenzahl (GFZ), Baumassenzahl (BMZ) und der Zahl der Vollgeschosse (Z), sondern eine möglichst einfache Art der H-Festsetzung wesentlich beitragen. **Abs. 2** bestimmt, daß in den – verhältnismäßig selten vorkommenden – Fällen der Festsetzung einer zwingenden H (§ 16 Abs. 4 Satz 2) geringfügige Abweichungen zugelassen werden können. Es handelt sich um eine „Kann"-Bestimmung, die keine Ausnahmeregelung in Anwendung von § 31 Abs. 1 BauGB darstellt. Über die Abweichung entscheidet die Baurechtsbehörde im pflichtgemäßen Ermessen; des Einvernehmens der Gemeinde bedarf es nicht. Die Planungskonzeption darf dabei nicht berührt werden, denn die Abweichung muß geringfügig, d. h. in ihrem Umfang unbedeutend sein.

§ 19 Grundflächenzahl, zulässige Grundfläche

(1) Die Grundflächenzahl gibt an, wieviel Quadratmeter Grundfläche je Quadratmeter Grundstücksfläche im Sinne des Absatzes 3 zulässig sind.
(2) Zulässige Grundfläche ist der nach Absatz 1 errechnete Anteil des Baugrundstücks, der von baulichen Anlagen überdeckt werden darf.
(3) Für die Ermittlung der zulässigen Grundfläche ist die Fläche des Baugrundstücks maßgebend, die im Bauland und hinter der im Bebauungsplan festgesetzten Straßenbegrenzungslinie liegt. Ist eine Straßenbegrenzungslinie nicht festgesetzt, so ist die Fläche des Baugrundstücks maßgebend, die hinter der tatsächlichen Straßengrenze liegt oder die im Bebauungsplan als maßgebend für die Ermittlung der zulässigen Grundfläche festgesetzt ist.
(4) Bei der Ermittlung der Grundfläche sind die Grundflächen von
1. Garagen und Stellplätzen mit ihren Zufahrten,
2. Nebenanlagen im Sinne des § 14,
3. baulichen Anlagen unterhalb der Geländeoberfläche, durch die das Baugrundstück lediglich unterbaut wird,

mitzurechnen. Die zulässige Grundfläche darf durch die Grundflächen der in Satz 1 bezeichneten Anlagen bis zu 50 vom Hundert überschritten werden, höchstens jedoch bis zu einer Grundflächenzahl von 0,8; weitere Überschreitungen in geringfügigem Ausmaß können zugelassen werden. Im Bebauungsplan können von Satz 2 abweichende Bestimmungen getroffen werden. Soweit der Bebauungsplan nichts anderes festsetzt, kann im Einzelfall von der Einhaltung der sich aus Satz 2 ergebenden Grenzen abgesehen werden

1. bei Überschreitungen mit geringfügigen Auswirkungen auf die natürlichen Funktionen des Bodens oder
2. wenn die Einhaltung der Grenzen zu einer wesentlichen Erschwerung der zweckentsprechenden Grundstücksnutzung führen würde.

BauNVO 1977:

(4) Auf die zulässige Grundfläche werden die Grundflächen von Nebenanlagen im Sinne des § 14 nicht angerechnet. Das gleiche gilt für Balkone, Loggien, Terrassen sowie für bauliche Anlagen, soweit sie nach Landesrecht im Bauwich oder in den Abstandsflächen zulässig sind oder zugelassen werden können.

BauNVO 1968:

(4) wie BauNVO 1977

BauNVO 1962:

(4) Auf die zulässige Grundfläche werden die Grundflächen von Nebenanlagen im Sinne des § 14 nicht angerechnet. Das gleiche gilt für bauliche Anlagen, soweit sie nach Landesrecht im Bauwich oder in den Abstandsflächen zulässig sind oder zugelassen werden können.
(5) In Kerngebieten, Gewerbegebieten und Industriegebieten können eingeschossige Garagen und überdachte Stellplätze ohne Anrechnung ihrer Grundflächen auf die zulässige Grundfläche zugelassen werden. In den übrigen Baugebieten werden solche Anlagen auf die zulässige Grundfläche nicht angerechnet, soweit sie 0,1 der Fläche des Baugrundstücks nicht überschreiten. Absatz 4 findet keine Anwendung.

Erläuterungen:

1 Die Grundflächenzahl (GRZ) ist eine Verhältniszahl, die den Überbauungsgrad der Grundstücke bestimmt. Sie wird im BP nach Maßgabe des § 17 festgesetzt und mit ihm rechtsverbindlich. Sie bezieht sich bei der Festsetzung zunächst auf das Bauland, d. h. einen durch den jeweiligen BP gebildeten räumlichen Bereich, der in der Regel aus einer Vielzahl vorhandener, bzw. in Vollzug des BP später zu bildender, Grundstücke besteht. Im BP können keine Grundstücksgrenzen festgesetzt werden. Gleichwohl muß der BP, namentlich aber die ihm vorausgehende städtebaulich-konzeptionelle Entwurfsplanung, Baugrundstücke ins Auge fassen, um eine Realisierung des jeweiligen BP auch tatsächlich erreichen zu können. Es ist dann im Bedarfsfalle Aufgabe der dem BP nachfolgenden Bodenordnung, durch Umlegung bzw. Grenzregelung geeignete Baugrundstücke zu schaffen. Im Vollzug des BP bezieht sich die GRZ dann im einzelnen Baugenehmigungsverfahren auf das konkrete Baugrundstück. Aus der Fläche des Baugrundstücks, ggf. unter Hinzurechnung anzurechnender Flächenanteile nach § 21 a Abs. 2, und der festgesetzten GRZ errechnet sich die zulässige GR, die mit dem Vorhaben einzuhalten ist. Aus dem dargestellten Zusammenhang wird deutlich, daß im Einzelfall bei Wahrung der städtebaulichen Konzeption, und damit der für bestimmte räumliche Bereiche festgesetzten GRZ, unter Einhaltung der übrigen BP-Festsetzungen, insbesondere der festgesetzten überbaubaren Grundstücksfläche, eine ungleiche relative Verteilung der GRZ, bezogen auf die einzelnen Baugrundstücke, zugelassen werden kann. Um die festgesetzte städtebauliche Ordnung zu sichern, ist der notwendige Ausgleich – bezogen auf die beteiligten Grundstücke – ggf. durch Baulasten (Flächenbaulast) herzustellen. Bedenken, die gegen die Einsetzbarkeit des aus dem Bauordnungsrecht stammenden Instruments der Baulast im Planungsrecht bestehen, werden nicht geteilt. Einer ausdrücklichen Bezugnahme des Planungsrechts auf dieses Instrument bedurfte es nicht. Aus **Abs. 2** ergibt sich, daß bei der Berechnung der zulässigen GR nur die Flächen erfaßt werden, die durch bauliche Anlagen überdeckt werden. Bauliche Anlagen, die unterhalb der Geländeoberfläche errichtet werden, bleiben zunächst außer Ansatz (vgl. aber Abs. 4). Die so für das Einzelvorhaben errechnete GRZ wird an der im BP festgesetzten GRZ gemessen.

2 An die Stelle der früheren Regelung über die Nichtanrechnung bestimmter Anlagen in Abs. 4 ist jetzt eine komplizierte Anrechnungsregelung getreten. Sie will im Interesse der Erhaltung der natürlichen Bodenfunktion und der

Verbesserung des Stadtklimas die Versiegelung der Grundstücke begrenzen und koppelt nunmehr die zulässige Überbauung bzw. Unterbauung des Grundstücks mit Nebenanlagen und sonstigem Zubehör an die für die Hauptnutzung festgesetzte GRZ. Nach der BauNVO 62 waren die Grundflächen von Nebenanlagen i. S. v. § 14 sowie die nach Landesrecht in den Abstandsflächen zulässigen oder zulassungsfähigen Anlagen nicht auf die zulässige GR anzurechnen. Mit der BauNVO 68 wurde die Nichtanrechnung auf Balkone, Loggien und Terrassen (allgemein) ausgedehnt. Diese Regelung blieb in der BauNVO 77 unverändert. Die genannten Berechnungsmodalitäten gelten für die unter den jeweiligen Fassungen der BauNVO zustandegekommenen BP fort. Für sie müssen die komplizierten neuen Berechnungen nicht angestellt werden. Für künftige BP gelten die Neuregelungen in **Abs. 4.** Danach sind die Grundflächen von Garagen (Ga) und Stellplätzen (St) mit ihren Zufahrten (Nr. 1), Nebenanlagen i. S. v. § 14 (Nr. 2) sowie bauliche Anlagen unterhalb der Geländeoberfläche, durch die das Baugrundstück lediglich unterbaut wird (Nr. 3), mitzurechnen. Es muß sich dabei um Vorhaben i. S. v. § 29 Satz 1 BauGB handeln. Die nach den Abs. 1–3 aufgrund der Festsetzungen im BP ermittelte zulässige GR darf durch die mitzurechnenden Grundflächen nach Nr. 1–3 bis zu 50%, höchstens jedoch bis zu einer GRZ von 0,8 überschritten werden. Danach sind die Berechnungen und Prüfungen stets in zwei Stufen vorzunehmen: Zunächst wird die nach der im BP festgesetzten GRZ berechnete zulässige GR für die Hauptanlage ermittelt; anschließend werden die Grundflächen der Anlagen nach Abs. 4 Nr. 1–3 ermittelt, die bis zu 50% der aus der Fläche des Baugrundstücks und der im BP festgesetzten GRZ berechneten zulässigen GR ebenfalls zulässig sind; die (Kappungs-)Obergrenze für alle Anlagen (Abs. 1–4) liegt bei einer (Gesamt-)GRZ von 0,8. Bei Baugebieten mit vorgegebener GRZ von 0,4 (nach Tabelle in § 17 reinen Wohngebieten (WR), allgemeinen Wohngebieten (WA), Ferienhausgebiete) greift die 50%-Grenze (Gesamt-GRZ 0,4 + 0,2 = 0,6), wohingegen bei Baugebieten mit GRZ von 0,6 (nach Tabelle in § 17 besonderen Wohngebieten (WB), Dorfgebieten (MD), Mischgebieten (MI)) die Kappungsgrenze von 0,8 eingreift. Ist im BP eine GRZ von 0,8 und mehr festgesetzt (z. B. Gewerbegebieten (GE), Industriegebieten (GI), Kerngebieten (MK)) findet die Vorschrift insoweit keine Anwendung. Weitere Überschreitungen in geringfügigem Ausmaß können zugelassen werden. Dies entspricht dem Rechtsgedanken, der schon bislang in § 23 Abs. 2 Satz 2 getroffenen Regelung, die einer flexiblen Handhabung im Einzelfall dienen soll. Die Gemeinde kann jedoch im BP von der Regelung in Abs. 4 Satz 2 (50%, GRZ 0,8, weitere Überschreitung in geringfügigem Ausmaß) abweichende Bestimmungen treffen. Sie kann also mit ihrer Festsetzung die Prozent-Zahl und die Obergrenze nach oben oder unten modifizieren, sowie die weiteren Überschreitungen abweichend regeln, indem sie z. B. weitergehende Ausnahmen festsetzt. Von der Gemeinde getroffene abweichende Festsetzungen sind zu begründen. Dies gilt namentlich bei der Festsetzung von höheren Werten als in Abs. 4 Satz 2 vorgesehen. Wenngleich hier keine ausdrückliche Ausgleichspflicht besteht, bedarf es für entsprechende Festsetzungen gleichwohl einer rechtfertigenden Begründung. Hierbei können die Grundsätze des § 17 Abs. 2 und 3 mit herangezogen werden. So können z. B. bestimmte Bauausführungen oder flächensparende Bauformen höhere Werte rechtfertigen (vgl. auch § 17 Rn 3). Abs. 4 Satz 4 gibt der Baurechtsbehörde, soweit die Gemeinde im BP nichts anderes festgesetzt hat, die Möglichkeit, im Einzelfall von der Einhaltung der Grenzen aus Satz 2 (Überschreitung 50%, höchstens 0,8, weitere geringfügige Überschreitungen) unter bestimmten Voraussetzungen abzusehen: Nr. 1 verlangt geringfügige Auswirkungen auf die natürliche Funktion des Bodens. Danach kommt die Ausnahme z. B. bei Terrassen und Ga- bzw. St-Zufahrten mit sog. offenen oder halboffenen Belägen in Betracht, bei denen der Boden durch die Wasserdurchlässigkeit (z. B. wassergebundene Decke oder Rasengittersteine) nur teilversiegelt wird. Nr. 2 setzt voraus, daß die Einhaltung der Grenzen zu einer wesentlichen Erschwerung der im BP festgesetzten Nutzung führen würde. Als Beispiele kommen Überschreitungen in Betracht, die durch im BP festgesetzte Tiefgaragen oder durch lange Ga-Zufahrten bei Baugrundstücken „in der zweiten Reihe" (Hammergrundstücke) verursacht werden. In den Ausnahmefällen der Nrn. 1 und 2 ist aus dem Schutzzweck der Vorschrift in Abs. 4, die nachteilige Auswirkungen aus einer zu hohen Bodenversiegelung vermeiden will, die Vertretbarkeit der Überschreitungen zu prüfen. Sie ist dann eher gegeben, wenn durch kompensatorische Maßnahmen, wie z. B. eine höhere Erdauflage auf einer Tiefgarage, wenigstens ein gewisser Ausgleich geschaffen wird. Die Vorschrift des § 19 gilt – wie alle Bestimmungen der VO zum Maß der baulichen Nutzung – nur für Baugebiete. Sie gilt nicht für Flächen mit sonstigen Nutzungsfestsetzungen nach § 9 Abs. 1 BauGB. Ob und inwieweit mit solchen Festsetzungen zusammenhängende Baulichkeiten im BP begrenzt werden müssen, richtet sich nach der jeweils festgesetzten Nutzung und ihrer abwägungsgerechten Zuordnung zu benachbarten anderen (z. B. Baugebiets-)Nutzungen. Ist eine Beschränkung der Bebauungsmöglichkeiten auf anderen als Baugebiets-Grundstücken nach diesen Grundsätzen erforderlich, kann sich die Gemeinde hierfür der Instrumente der BauNVO bedienen, ohne daß allerdings die in der VO für die Baugebiete vorgegebenen Grenzen des festsetzbaren Nutzungsmaßes bindend wären.

Die Vorschrift in Abs. 4 ist insgesamt so kompliziert angelegt, daß sich erhebli- **3**
che Zweifel an ihrer Praktikabilität und Effektivität aufdrängen. Die bei einer
GRZ von 0,8 eingezogene Kappungsgrenze wird bei den heutigen Qualitäts-
anforderungen an das Wohn- und Arbeitsumfeld im Eigeninteresse nicht
überschritten. Ob sich der mit einer Vielzahl unbestimmter Rechtsbegriffe, mit
Grundanforderungen und Ausnahmen geregelte Berechnungsperfektionis-
mus für eine mögliche Verhinderung einer verhältnismäßig kleinen Zahl „kran-
ker" Fälle rechtfertigt, darf bezweifelt werden. Dies umso mehr, als bekanntlich „Saubermänner" ihre Grundstücksversiegelungen oft erst nach und nach
vornehmen – und sie von gesünderen Nachfolgern dann wieder beseitigt
werden. Zu welch zweifelhaften Ergebnissen die komplizierte Berechnung
führen kann, läßt sich an folgenden Beispielen erläutern: Die in Abs. 4 anzurechnenden Anlagen müssen solche i. S. v. § 29 Satz 1 BauGB sein. Voraussetzung für die Anrechnungspflicht ist mithin u. a. die Baugenehmigungspflichtigkeit der Anlagen. Anzurechnen sind z. B. mit dem Vorhaben beantragte und mit genehmigte Balkone, Loggien, Terrassen, St und Ga mit Zufahrten, sowie z. B. (als unterbauende Anlagen) Lichtschächte, Kontroll-
schacht, Heizöltanks, Nebenräume – wie Hobby oder Schwimmen – und
Tiefgaragen. Nicht erfaßt würden dagegen im Innenbereich z. B. die spätere –
nach § 62 Abs. 1 Musterbauordnung genehmigungsfreie – Errichtung von
Gebäuden bis 30 m³ (Nr. 1), Wasserbecken bis 100 m³ (Nr. 21), Schwimm-
badüberdachungen bis 100 m² (Nr. 22), Terrassen (Nr. 39). Eine Regelung, die
Baulichkeiten solchen Umfangs (unter Versiegelungsgesichtspunkten!) außer
Ansatz läßt, dagegen aber Ga- und St-Zufahrten zwingend anrechnen läßt,
müssen auch in der Sache fragwürdig erscheinen. Die Baurechtsbehörden
werden diese Vorschriften nur durch einen „Vollzug mit Augenmaß" praktizie-
ren können. Bei den vielen schwergewichtigen Aufgaben, die diesen Behör-
den auch in Zukunft gestellt sind (z. B. im Umweltschutz und im Brandschutz),
wird eine Prioritätensetzung meist unvermeidlich sein. Die Baurechtsbehörde
wird daher vernünftigerweise zunächst eine Plausibilitätsprüfung anstellen,
ob die Obergrenzen (z. B. 0,6 bzw. 0,8, s. o.) überschritten werden. Nur wenn
dies anzunehmen ist, wird sie in die komplizierte Einzelberechnung eintreten.

§ 20 Vollgeschosse, Geschoßflächenzahl, Geschoßfläche

(1) Als Vollgeschosse gelten Geschosse, die nach landesrechtlichen Vorschriften Vollgeschosse sind oder auf ihre Zahl angerechnet werden.
(2) Die Geschoßflächenzahl gibt an, wieviel Quadratmeter Geschoßfläche je Quadratmeter Grundstücksfläche im Sinne des § 19 Abs. 3 zulässig sind.
(3) Die Geschoßfläche ist nach den Außenmaßen der Gebäude in allen Vollgeschossen zu ermitteln. Im Bebauungsplan kann festgesetzt werden, daß die Flächen von Aufenthaltsräumen in anderen Geschossen einschließlich der zu ihnen gehörenden Treppenräume und einschließlich ihrer Umfassungswände ganz oder teilweise mitzurechnen oder ausnahmsweise nicht mitzurechnen sind.
(4) Bei der Ermittlung der Geschoßfläche bleiben Nebenanlagen im Sinne des § 14, Balkone, Loggien, Terrassen sowie bauliche Anlagen, soweit sie nach Landesrecht in den Abstandsflächen (seitlicher Grenzabstand und sonstige Abstandsflächen) zulässig sind oder zugelassen werden können, unberücksichtigt.

BauNVO 1977:

(1) entspricht Abs. 2 BauNVO 1990
(2) Die Geschoßfläche ist nach den Außenmaßen der Gebäude in allen Vollgeschossen zu ermitteln. Die Flächen von Aufenthaltsräumen in anderen Geschossen einschließlich der zu ihnen gehörenden Treppenräume und einschließlich ihrer Umfassungswände sind mitzurechnen.
(3) Bauliche Anlagen und Gebäudeteile im Sinne des § 19 Abs. 4 bleiben bei der Ermittlung der Geschoßfläche unberücksichtigt.

BauNVO 1968:

wie BauNVO 1977

BauNVO 1962:

(1) entspricht Abs. 2 BauNVO 1990
(2) wie BauNVO 1977
(3) Balkone sowie bauliche Anlagen und Gebäudeteile, deren Grundflächen nach § 19 Abs. 4 und 5 nicht angerechnet werden, bleiben bei der Ermittlung der Geschoßfläche unberücksichtigt.

Erläuterungen:

Die BauNVO verzichtet weiterhin auf eine bundesrechtliche Bestimmung des Begriffs Vollgeschoß (VG). **Abs. 1** nimmt Bezug auf die landesrechtlichen Vorschriften zum VG-Begriff. Durch diese Bezugnahme müssen die Länder in ihren LBOen den Begriff des VG definieren. So ist dies z. B. in der LBO BaWü in § 2 Abs. 5 erfolgt: VG sind danach Geschosse, die mehr als 1,4 m über die festgelegte, im Mittel gemessene Geländeoberfläche herausragen und mindestens 2,3 m (von OK Fußboden bis OK Fußboden bzw. Dachhaut) hoch sind; bei obersten Geschossen muß diese Höhe über mindestens ¾ der Grundfläche des darunterliegenden Geschosses vorhanden sein; Geschosse, die auf die Zahl der Vollgeschosse (Z) angerechnet werden, gibt es nach dieser LBO nicht mehr. Diese Definition dient in Baden-Württemberg ausschließlich dem Planungsrecht; die LBO selbst knüpft an den Begriff des VG keine weiteren Anforderungen mehr. Eine Höhenbegrenzung für das VG oder eine Regelung, die bei Überschreiten einer bestimmten Höhe weitere fiktive VG bilden würde, gibt es weder in der BauNVO, noch in der Musterbauordnung, noch z. B. der LBO BaWü. So haben z. B. Werkhallen ohne Zwischendecken, Turnhallen oder Konzertsäle nur ein VG. Daraus wird deutlich, wie wenig geeignet Z als Festsetzung im BP zur Bestimmung der dritten Dimension von Gebäuden ist. Je nach der Höhe der einzelnen Geschosse können sich bei gleicher Z sehr unterschiedliche Baukörperhöhen ergeben. Eine weitere Komplikation ergibt sich für die Berechnung von Z und die Ermittlung unterster VG aus dem unteren Bezugspunkt. Dieser wird in bewegtem Gelände bei differenzierten Gebäudeumfassungen erst durch eine rechnerisch komplizierte Ermittlung der festgelegten, im Mittel gemessenen Geländeoberfläche gefunden. Durch den Verweis auf die landesrechtliche Begriffsbestimmung in Abs. 1 findet der zum Zeitpunkt des Erlasses des BP (erster Tag der öffentlichen Auslegung des BP-Entwurfs) gültige Begriff der LBO Eingang in den BP und gilt mit diesem fort. Dies ist insbesondere für BP von Bedeutung, deren VG-Festsetzungen LBO-Regelungen zugrunde liegen, die z. B. den Begriff eines „Staffeldachgeschosses" (z. B. § 2 Abs. 5 LBO BaWü 1972) kannten, das bei bestimmten Dimensionen auf Z nicht anzurechnen war, oder die bei höheren Geschossen als 4 m rechnerisch ein weiteres VG in Ansatz brachten (z. B. § 2 Abs. 4 LBO BaWü 1964), oder die auf Z anzurechnende Geschosse definierten (z. B. § 2 Abs. 8 LBO BaWü 1972, § 2 Abs. 4 LBO 1964).

1

2 In **Abs. 2** ist der Begriff der Geschoßflächenzahl (GFZ) geregelt. Es handelt
sich ebenfalls um eine Verhältniszahl, die die Geschoßfläche (GF) von Gebäuden ins Verhältnis zur maßgebenden Grundstücksfläche setzt (vgl. § 19
Abs. 3). Die zulässige GF für ein Baugrundstück errechnet sich durch die
Multiplikation der maßgebenden Grundstücksfläche mit der im BP festgesetzten GFZ.

3 **Abs. 3** regelt die Berechnung der GF. Sie hat nach den Außenmaßen in allen
VG zu erfolgen. Als Außenmaße sind i. d. R. die Rohbaumaße einzusetzen; der
Außenputz oder dünne Verkleidungen bleiben außer Ansatz. Sind bei einem
Gebäude dagegen im Rohbau sehr dünne Außenwände, dafür aber sehr
dicke wärmedämmende Verkleidungen geplant, so sind die tatsächlichen
Außenmaße in die Rechnung einzusetzen. Nachträgliche wärmedämmende
Verkleidungen älterer Gebäude in gängiger Bauart werfen i. d. R. kein GFZ-
Problem auf; sie sind ohne Anrechnung auf die GF zulässig. Im Gegensatz zur
früheren Anrechnungspflicht der Flächen von Aufenthaltsräumen in anderen
(als Voll-)Geschossen, einschl. der zu ihnen gehörenden Treppenräume und
einschl. ihrer Umfassungswände auf die GF (§ 20 Abs. 2 der früheren Fassungen der BauNVO), sind diese nach Abs. 3 künftig nicht mehr mitzurechnen,
wenn die Gemeinde nicht ausdrücklich nach Satz 2 etwas anderes festsetzt.
Auch diese Regelung gilt nur für neue BP und entfaltet keine unmittelbare
Rückwirkung auf bereits bestehende BP, auf die § 20 Abs. 2 Satz 2 in der
früher geltenden Fassung anzuwenden ist. Im Einzelfall können allerdings in
diesen Fällen nach der Überleitungsvorschrift in § 25c Abs. 2 Überschreitungen zugelassen werden. Die Neuregelung der Berechnungsmodalitäten für
die GF hilft einem bisher bestehenden Mangel ab, der in der Baurechtspraxis
zu teilweise unsinnigen Ergebnissen geführt hat. So konnte baurechtlich zulässiges und realisiertes Bauvolumen, trotz der Erfüllbarkeit aller bauordnungsrechtlichen Anforderungen an Aufenthaltsräume, wegen Überschrei-
tens der im BP festgesetzten GFZ nicht z. B. für Wohnzwecke genutzt werden. Die Neuregelung wird sich positiv auf die Schaffung zusätzlichen Wohn-
raums in Unter- und Dachgeschossen, die keine VG sind, auswirken und
damit zu einem flächen- und kostensparenden Bauen beitragen. Im Blick auf
die vielen BP aus den vergangenen Jahrzehnten ist es dazu aber vor allem
auch geboten, von der Ausnahmemöglichkeit in § 25c Abs. 2 großzügig Gebrauch zu machen. Sind bei der Aufstellung eines BP in besonderen Fällen
städtebaulich nachteilige Auswirkungen von der Berechnungsweise nach
Abs. 3 Satz 2 zu befürchten, so kann die Gemeinde nach Satz 3 im BP festsetzen, daß die in Satz 2 bezeichneten Flächen ganz oder teilweise mitzurech-

nen sind oder bei festgesetzter Anrechnungspflicht ausnahmsweise nicht mitzurechnen sind. Damit wird das Berechnungsverfahren für den Normalfall (Nichtanrechnung) wesentlich vereinfacht, den Gemeinden aber gleichzeitig für besondere Situationen ein umfassendes Regelungsinstrumentarium eingeräumt.

Abs. 4 übernimmt inhaltlich die Regelung aus dem bisherigen Abs. 3. Es bleibt **4** also hier dabei, daß – im Gegensatz zur Neuregelung der Anrechnung bei der Ermittlung der Grundfläche (GR) (§ 19 Abs. 4) – Nebenanlagen i. S. v. § 14, Balkone, Loggien, Terrassen und nach Landesrecht in den Abstandsflächen zulässige oder zulassungsfähige bauliche Anlagen bei der Ermittlung der GF unberücksichtigt bleiben. Die schon in der BauNVO 1962 begünstigten **Balkone** sind vor die Fassade vorkragende Gebäudeteile. Mit der BauNVO 1968 wurde die Begünstigung auf Loggien und Terrassen ausgedehnt. **Loggien** sind an Wohnräume anschließende offene Räume, die an der Außenseite offen, lediglich mit einer Brüstung versehen und i. d. R. an drei Seiten durch Wände begrenzt sind. Mit der Begünstigung will der VO-Geber dem besonderen Wohnwert von Balkonen, Loggien und Terrassen Rechnung tragen.

§ 21   Baumassenzahl, Baumasse

(1) Die Baumassenzahl gibt an, wieviel Kubikmeter Baumasse je Quadratmeter Grundstücksfläche im Sinne des § 19 Abs. 3 zulässig sind.
(2) Die Baumasse ist nach den Außenmaßen der Gebäude vom Fußboden des untersten Vollgeschosses bis zur Decke des obersten Vollgeschosses zu ermitteln. Die Baumassen von Aufenthaltsräumen in anderen Geschossen einschließlich der zu ihnen gehörenden Treppenräume und einschließlich ihrer Umfassungswände und Decken sind mitzurechnen. Bei baulichen Anlagen, bei denen eine Berechnung der Baumasse nach Satz 1 nicht möglich ist, ist die tatsächliche Baumasse zu ermitteln.
(3) Bauliche Anlagen und Gebäudeteile im Sinne des § 20 Abs. 4 bleiben bei der Ermittlung der Baumasse unberücksichtigt.
(4) Ist im Bebauungsplan die Höhe baulicher Anlagen oder die Baumassenzahl nicht festgesetzt, darf bei Gebäuden, die Geschosse von mehr als 3,50 m Höhe haben, eine Baumassenzahl, die das Dreieinhalbfache der zulässigen Geschoßflächenzahl beträgt, nicht überschritten werden.

BauNVO 1977:

(3) Bauliche Anlagen und Gebäudeteile im Sinne des § 19 Abs. 4 bleiben bei der Ermittlung der Baumasse unberücksichtigt.
Abs. 4 1990 war früher § 17 Abs. 3:
(3) In Gebieten, für die keine Baumassenzahl angegeben ist, darf bei Gebäuden, die Geschosse von mehr als 3,50 m Höhe haben, eine Baumassenzahl, die das Dreieinhalbfache der zulässigen Geschoßfläche beträgt, nicht überschritten werden. Im Bebauungsplan kann festgesetzt werden, daß eine größere Geschoßhöhe als 3,50 m außer Betracht bleibt, soweit diese ausschließlich durch die Unterbringung technischer Anlagen des Gebäudes wie Heizungs-, Lüftungs- und Reinigungsanlagen bedingt ist.

BauNVO 1968:

(3) wie BauNVO 1977
Abs. 4 1990 war früher § 17 Abs. 3:
(3) In Gebieten, für die keine Baumassenzahl angegeben ist, darf bei Gebäuden, die Geschosse von mehr als 3,50 m Höhe haben, eine Baumassenzahl, die das Dreieinhalbfache der zulässigen Geschoßflächenzahl beträgt, nicht überschritten werden.

BauNVO 1962:

(3) Baumassen über Flächen, die nach § 19 Abs. 4 und 5 auf die zulässige Grundfläche nicht angerechnet werden, bleiben unberücksichtigt.
Abs. 4 1990 war früher § 17 Abs. 3:
(3) wie BauNVO 1968

Erläuterungen:

1 Im Rahmen ihrer Wahlmöglichkeiten kann die Gemeinde u. a. die Baumassenzahl (BMZ) im BP festsetzen (§ 16 Abs. 2). Dies ist eine Verhältniszahl, die in **Abs. 1** definiert ist und ausdrückt, wieviel m³ BM je m² Grundstücksfläche zulässig ist. Die Berechnung der Baumasse (BM) bestimmt sich nach **Abs. 2**. Bei Gebäuden mit VG rechnet sie sich nach den Außenmaßen des Gebäudes als Produkt der Grundrißfläche, einschließlich Umfassungswänden mit der Höhe zwischen OK-Fußboden des untersten VG und OK-Decke des obersten

Vollgeschosses (VG). Nach Abs. 2 Satz 2 ist die BM von Aufenthaltsräumen in anderen (als Voll-)Geschossen, einschließlich zugehörigen Treppenräumen und einschließlich Umfassungswänden und Decken, mitzurechnen. Hier hat der VO-Geber – im Gegensatz zu § 20 Abs. 3 – an der Anrechnungspflicht von Aufenthaltsräumen in Nicht-VG festgehalten. Dies ist – jedenfalls unter dem Gesichtspunkt der Vereinfachung – inkonsequent. Ist eine Berechnung der BM nach VG nicht möglich, so ist nach Abs. 2 Satz 3 die tatsächliche BM zu ermitteln. Dies kommt insbesondere bei Gebäuden zur Anwendung, die nicht klar durch Geschoßdecken geprägt, sondern z. B. frei geformt sind oder schräg verlaufende obere Abschlüsse aufweisen. Ferner werden nach Satz 3 bauliche Anlagen berechnet, die keine Gebäude sind. Erfolgt für ein Gebäude, das in seinen Nicht-VG keine Aufenthaltsräume hat, die Berechnung nach Satz 2, so führt sie im allgemeinen zu günstigeren Werten als eine Berechnung nach Satz 3 führen würde, weil oben und unten jeweils die Teile, die keine VG sind, nicht mitzurechnen sind. Auch hierin liegt eine erhebliche Inkonsequenz der VO. Es hätte nahegelegen, die Berechnung der BM generell nur noch nach Satz 3 vorzunehmen. Eine entsprechende Bereinigung dieser unterschiedlichen Berechnungsansätze, einschließlich Anrechnungspflicht von Aufenthaltsräumen in Nicht-VG, hat der VO-Geber indessen nicht vorgenommen.

Abs. 3 begünstigt die Anlagen entsprechend § 20 Abs. 4. Sie bleiben bei der **2** Ermittlung der BM unberücksichtigt (vgl. § 20 Rn 4). Die Regelung in Abs. 4 entspricht der früheren Regelung in § 17 Abs. 3. Sie ist aber jetzt beschränkt auf Fälle, in denen im BP keine Höhe (H) oder keine BMZ festgesetzt ist. Um in diesen Fällen bei überhöhten Geschossen eine unverhältnismäßige Vergrößerung der Höhenausdehnung und Volumigkeit der Gebäude zu verhindern, ist die begrenzende Berechnung nach der Umrechnungsformel, die die festgesetzte zulässige Geschoßflächenzahl (GFZ) mit 3,5 multipliziert, durchzuführen. Entsprechend der Aufwertung der Bedeutung von H als Maßbestimmungsfaktor (vgl. § 16 Rn 1 und § 18) ist ihr Fehlen hier als weitere Voraussetzung für eine im Einzelfall notwendig werdende Umrechnung eingeführt worden. Sie ist nämlich sehr viel besser zur Bestimmung der Höhenausdehnung und Baumassenbegrenzung von Gebäuden geeignet als die Zahl der Vollgeschosse (Z), so daß bei dieser eindeutigen Festsetzung keine Umrechnung erforderlich ist. Der Fall, daß die Festsetzung des Maßes der baulichen Nutzung im BP lediglich mittels GRZ und Z, also ohne GFZ und ohne Festsetzung von H oder BMZ erfolgt ist, wird in Abs. 4 nicht geregelt. Eine Umrechnung der zulässigen (festgesetzten) GFZ in ein BMZ ist dann nicht möglich. Eine zusätzliche Baumassenbeschränkung wäre mithin nicht gegeben. Da § 16 Abs. 2 und 3 den Gemeinden zwar bestimmte Wahlmöglichkeiten unter den verschiedenen Maßfaktoren zur Bestimmung des Maßes der baulichen Nutzung eröffnet, gleichzeitig in § 17 Abs. 1 aber die Anforderung enthält, daß auch bei einem Verzicht auf die Festsetzung von GFZ oder BMZ die Obergrenzen in § 17 Abs. 1 vom Plangeber nur unter den Voraussetzungen des § 17 Abs. 2 und 3 überschritten werden dürfen, kann die Gemeinde regelmäßig bei einem Verzicht auf die Festsetzung von GFZ oder BMZ nicht gleichzeitig auf die Festsetzung von H verzichten, soweit es sich nicht um reine Wohnbebauung handelt, bei der überhohe Geschosse kaum anzunehmen sind. Um eine Überregelung zu vermeiden, bietet es sich daher gerade bei anderen als Wohnnutzungen an, auf die Festsetzung von Z zu verzichten und dafür H festzusetzen.

§21 a Stellplätze, Garagen und Gemeinschaftsanlagen

(1) Garagengeschosse oder ihre Baumasse sind in sonst anders genutzten Gebäuden auf die Zahl der zulässigen Vollgeschosse oder auf die zulässige Baumasse nicht anzurechnen, wenn der Bebauungsplan dies festsetzt oder als Ausnahme vorsieht.

(2) Der Grundstücksfläche im Sinne des § 19 Abs. 3 sind Flächenanteile an außerhalb des Baugrundstücks festgesetzten Gemeinschaftsanlagen im Sinne des § 9 Abs. 1 Nr. 22 des Baugesetzbuchs hinzuzurechnen, wenn der Bebauungsplan dies festsetzt oder als Ausnahme vorsieht.

(3) Soweit § 19 Abs. 4 nicht entgegensteht, ist eine Überschreitung der zulässigen Grundfläche durch überdachte Stellplätze und Garagen bis zu 0,1 der Fläche des Baugrundstücks zulässig; eine weitergehende Überschreitung kann ausnahmsweise zugelassen werden

1. in Kerngebieten, Gewerbegebieten und Industriegebieten,

2. in anderen Baugebieten, soweit solche Anlagen nach § 9 Abs. 1 Nr. 4 des Baugesetzbuchs im Bebauungsplan festgesetzt sind.

(4) Bei der Ermittlung der Geschoßfläche oder der Baumasse bleiben unberücksichtigt die Flächen oder Baumassen von

1. Garagengeschossen, die nach Absatz 1 nicht angerechnet werden,

2. Stellplätzen und Garagen, deren Grundflächen die zulässige Grundfläche unter den Voraussetzungen des Absatzes 3 überschreiten,

3. Stellplätzen und Garagen in Vollgeschossen, wenn der Bebauungsplan dies festsetzt oder als Ausnahme vorsieht.
(5) Die zulässige Geschoßfläche oder die zulässige Baumasse ist um die Flächen oder Baumassen notwendiger Garagen, die unter der Geländeoberfläche hergestellt werden, insoweit zu erhöhen, als der Bebauungsplan dies festsetzt oder als Ausnahme vorsieht.

BauNVO 1977:

(3) Auf die zulässige Grundfläche (§ 19 Abs. 2) sind überdachte Stellplätze und Garagen nicht anzurechnen, soweit sie 0,1 der Fläche des Baugrundstücks nicht überschreiten. Darüber hinaus können sie ohne Anrechnung ihrer Grundfläche auf die zulässige Grundfläche zugelassen werden
1. in Kerngebieten, Gewerbegebieten und Industriegebieten,
2. in anderen Baugebieten, soweit solche Anlagen nach § 9 Abs. 1 Nr. 4 des Bundesbaugesetzes im Bebauungsplan festgesetzt sind. § 19 Abs. 4 findet keine Anwendung.
(4) Bei der Ermittlung der Geschoßfläche (§ 20) oder der Baumasse (§ 21) bleiben unberücksichtigt die Flächen oder Baumassen von
1. Garagengeschossen, die nach Absatz 1 nicht angerechnet werden,
2. Stellplätze und Garagen, deren Grundflächen nach Absatz 3 nicht angerechnet werden,
3. Stellplätze und Garagen in Vollgeschossen, wenn der Bebauungsplan dies festsetzt oder als Ausnahme vorsieht.

BauNVO 1968:

wie BauNVO 1977

BauNVO 1962:

wie BauNVO 1977, jedoch an anderer Stelle

Erläuterungen

1   Die Vorschrift faßt die Vergünstigungen für Anlagen des ruhenden Verkehrs und für Gemeinschaftsanlagen bei der Berechnung des Maßes der baulichen Nutzung zusammen. Sie dient dem Ziel, namentlich die zu einer Hauptnutzung gehörenden Parkierungsanlagen möglichst weitgehend auch im Bauland unterzubringen. Abs. 1 sieht bestimmte Vergünstigungen für Garagengeschosse (Ga-Geschosse) (§ 12 Abs. 4) in sonst anders genutzten Gebäuden bei der Ermittlung des Nutzungsmaßes vor. Diese Vergünstigungen sind aber davon abhängig, daß sie im einzelnen BP entweder als allgemeine oder ausnahmsweise anzuwendende Berechnungsweise festgesetzt werden. Bei Festsetzung allgemeiner Zulässigkeit besteht ein Rechtsanspruch auf Nichtanrechnung. Bei einer Ausnahmeregelung bedarf diese – wie stets – einer hinreichenden Bestimmung nach Art und Umfang im BP und bei der Anwendung im Einzelfall des Einvernehmens der Gemeinde. Ohne eine entsprechende Festsetzung im BP sind Ga-Geschosse bei der Ermittlung der zulässigen Zahl der Vollgeschosse (Z) oder Baumasse (BM) im Rahmen der Berechnungsregelungen für diese Maßfaktoren voll mitzurechnen. Die Vergünstigung für Z und BM kann außerdem nur in sonst anders genutzten Gebäuden, also im allgemeinen insbesondere für die notwendige Parkierung in den Hauptgebäuden selbst und nicht für reine Parkierungsgebäude, eingeräumt werden. Ein genauer Anteil der Ga-Geschosse ist in der VO nicht bestimmt; jedenfalls muß aber im Gebäude die andere Nutzung überwiegen. Es ist auch nicht Voraussetzung, daß die (nicht anzurechnenden) Ga-Geschosse als solche im BP festgesetzt sind. Wesentlich ist nur die Festsetzung über die Nichtanrechnung. Die Vorschrift hat nur Bedeutung für Ga-Geschosse, die VG sind. Unterirdische Ga werden daher nicht erfaßt.

2   **Abs. 2** eröffnet den Gemeinden die Möglichkeit, im BP festzusetzen, daß Flächenanteile an außerhalb des Baugrundstücks festgesetzten Gemeinschaftsanlagen i. S. v. § 9 Abs. 1 Nr. 22 BauGB (z. B. Kinderspielplätze, Stellplätze (St), Ga, Müllbehälterplätze) der Grundstücksfläche i. S. v. § 19 Abs. 3 hinzuzurechnen sind. Die Festsetzung der Gemeinschaftsanlagen muß für einen bestimmten räumlichen Bereich (nämlich den, für den die anteilige Hinzurechnung erfolgen soll) getroffen sein. Anstelle der allgemeinen Hinzurechnung kann die Gemeinde auch hier eine – nach Art und Umfang bestimmte – Ausnahme vorsehen. Die Regelung geht von dem Grundgedanken der VO aus, daß neben der Hauptnutzung auch das notwendige Zubehör auf dem Baugrundstück selbst untergebracht wird. Daran orientieren sich die Ober-

grenzen des § 17. Werden die Grundstücke in einem bestimmten räumlichen Bereich von diesen Zubehören entlastet, in dem diese als Gemeinschaftsanlagen an anderer Stelle festgesetzt werden, kann entsprechend mehr Hauptnutzung auf dem Baugrundstück zugelassen werden. Dies erfolgt eben durch die rechnerische Vergrößerung der einzelnen Baugrundstücke um die jeweiligen Flächenanteile an der Gemeinschaftsanlage, wenn der BP dies festsetzt. Durch die rechnerische Vergrößerung der maßgebenden Baugrundstücksfläche vergrößert sich dann die aus der festgesetzten Grundflächenzahl (GRZ), Geschoßflächenzahl (GFZ) oder Baumassenzahl (BMZ) berechnete zulässige GR, GF oder BM. Wird im BP auf die Festsetzung der Maßfaktoren GFZ oder BMZ verzichtet, kann die dargestellte, Abs. 2 zugrundeliegende Überlegung als Begründung für die Festsetzung eines entsprechend höheren Nutzungsmaßes mit anderen Mitteln (z. B. GRZ und H) herangezogen werden (vgl. § 17 Abs. 2 und 3). Die Vergünstigung ist auch deshalb voll gerechtfertigt und den Gemeinden zu empfehlen, weil sehr häufig die Zusammenfassung bestimmter Zubehöre als Gemeinschaftsanlagen zu flächensparenden Lösungen mit besonders hoher städtebaulicher Qualität führen.

Im Rahmen der durch § 19 Abs. 4 gezogenen Grenzen ist nach **Abs. 3** eine Überschreitung der zulässigen GR durch überdachte St und Ga (überdachte St sind auch Ga, vgl. z. B. § 2 Abs. 7 LBO BaWü) nur bis zu 0,1 der Fläche des Baugrundstücks zulässig. Durch die Übernahme dieses Anteils aus der bisherigen Regelung hat sich nur scheinbar nichts geändert. Die gravierende Änderung ergibt sich nämlich aus § 19 Abs. 4 auf den im 1. Halbsatz des Abs. 3 verwiesen ist. Nach § 19 Abs. 4 Satz 1 Nr. 3 sind bauliche Anlagen unterhalb der Geländeoberfläche voll bei der Ermittlung der GR mitzurechnen. Das bedeutet z. B. im WA bei Festsetzung einer GRZ von 0,4, mit Überschreitungsmöglichkeiten nach § 19 Abs. 4 Satz 1 bis max. 0,6, daß eine bisher (BauNVO 62, 68, 77) von GR überhaupt nicht erfaßte Tief-Ga einschließlich Zufahrt voll mitgerechnet werden muß. Sie darf einschließlich Zufahrt höchstens 0,1 der Grundstücksfläche einnehmen, was schnell erreicht ist. Damit ist die Zulässigkeit von Ga auf dem Grundstück ausgeschöpft, d. h. oberirdische Ga sind dann überhaupt nicht mehr zulässig. Dagegen wären St nach § 19 Abs. 4 Satz 1 Nr. 1 noch bis max. 0,1 (einschließlich Zufahrt) zulässig. Dann wäre aber die GR insgesamt ausgeschöpft und jede Nebenanlage auf dem Grundstück ausgeschlossen, soweit die Gemeinde nicht gemäß § 19 Abs. 4 Satz 3 im BP abweichende Bestimmungen getroffen hat oder im Einzelfall, z. B. bei bestimmter Ausführung der Tief-Ga, eine Abweichung zugelassen werden kann. Die Gemeinden werden daher gerade in Gebieten mit verhältnismäßig niedriger GRZ (z. B. WA), in denen sie gleichwohl ein flächen- und kostensparendes Bauen anstreben und in denen die Wohnbedürfnisse der Bevölkerung befriedigt werden sollen (Zulassung von Nebenanlagen) sehr sorgfältig prüfen müssen, ob nicht im BP abweichende Vorschriften dahin zu treffen sind, daß z. B. mit Tief-Ga die Obergrenze in § 19 Abs. 4 Satz 2 von 50% z. B. bis GRZ 0,8 überschritten werden darf. Derartige Festsetzungen lassen den für einen vernünftigen Vollzug notwendigen Spielraum und entsprechen dem Gebot planerischer Zurückhaltung. Unter diesen Aspekten wenig geeignet ist dagegen die nach Abs. 3 Nr. 2 z. B. auch in einem WA mögliche ausnahmsweise weitere Überschreitung der GR mit Ga, die nach § 9 Abs. 1 Nr. 4 BauGB im BP speziell festgesetzt sind, weil auch diese Ausnahme unter dem Vorbehalt steht, daß § 19 Abs. 4 nicht entgegensteht. Die Ausnahme wird dann nach pflichtgemäßem Ermessen der Baurechtsbehörde im Einzelfall erteilt; sie bedarf des Einvernehmens der Gemeinde. Außerdem können weitergehende Überschreitungen nach Abs. 3 Nr. 1 ausnahmsweise in Kerngebieten (MK), Gewerbegebieten (GE) und Industriegebieten (GI) zugelassen werden. Im Gegensatz zu Abs. 3 Satz 2 Nr. 1 BauNVO 77, der eine Ermessensentscheidung der Baurechtsbehörde (ohne Einvernehmen der Gemeinde) vorsah, enthält Abs. 3 Nr. 1 nunmehr eine Ausnahmeregelung, die zu ihrer Anwendung ebenfalls (wie nach Nr. 2) das Einvernehmen der Gemeinde voraussetzt.

4 **Abs. 4** enthält Vergünstigungen für St und Ga bei der Ermittlung der GF oder der BM. Er ergänzt mit Nr. 1 und 2 die Vorschriften über eine Begünstigung bei der Berechnung von GR und Z in Abs. 1 und 3. Hat die Gemeinde im BP die Nichtanrechnung von Ga-Geschossen nach Abs. 1 festgesetzt, so bleiben nach Abs. 4 Nr. 1 diese Geschosse bei der Ermittlung von GF oder BM ebenfalls unberücksichtigt. Das gleiche gilt, wenn aufgrund einer Festsetzung nach Abs. 1 im Einzelfall eine Anrechnung nach Abs. 1 ausnahmsweise unterbleibt. Ebenfalls unberücksichtigt bleiben nach Nr. 2 St und Ga, deren Grundfläche die zulässige GR unter den Voraussetzungen des Abs. 3 überschreiten, d. h. St und Ga, die sich im Rahmen des Abs. 3 halten und damit zwar die im BP festgesetzte GRZ überschreiten, aber nicht gegen die GR-Regelungen des Abs. 3 verstoßen. Eine weitere selbständige Festsetzungsmöglichkeit ergibt sich aus Nr. 3. Hiernach kann die Gemeinde im BP festsetzen oder als Ausnahme vorsehen, daß St und Ga in VG, also insbesondere in solchen, die keine Ga-Geschosse (vgl. Nr. 1) sind, unberücksichtigt bleiben. Trifft der BP derartige Festsetzungen, bleibt (in sonst anders genutzten VG) die GF oder BM von St und Ga unberücksichtigt. Die Regelungsermächtigung hat neben der Festsetzung als Ergänzung anderer Bestimmungen des BP durchaus auch selbständige Bedeutung. So kann die Gemeinde z. B. – auch für Ga- Geschosse – an der allgemeinen Anrechnung aller VG auf Z festhalten und daher von einer Festsetzung nach Abs. 1 absehen, aber gleichzeitig eine Vergünstigung für St und Ga bei der Berechnung von GF und BM nach Abs. 4 Nr. 3 festsetzen.

Die Regelung in **Abs. 5** stellt die weitestgehende Vergünstigung von Ga bei   5 der Berechnung bzw. Festsetzung des Maßes der baulichen Nutzung dar. Bleiben nach den Abs. 1 bis 4 St und Ga in unterschiedlicher Form bei der Berechnung des Maßes der baulichen Nutzung unberücksichtigt, bzw. werden Flächenanteile von Gemeinschaftsgaragen anteilig auf Baugrundstücke zugerechnet, so geht Abs. 5 noch weiter, indem er der Gemeinde erlaubt, im BP näher zu bestimmendem Umfang festzusetzen oder als Ausnahme vorzusehen, daß die zulässige GF oder BM um die Flächen oder Baumasse notwendiger Ga zu erhöhen ist, die unter der Geländeoberfläche hergestellt werden. Hier wird der in Rn 2 beschriebene Grundgedanke der Kompensation von auf dem Baugrundstück nicht in Anspruch genommenen Bauvolumen für Zubehör (Garagen) auch ohne dessen Verlagerung auf ein anderes Grundstück (Gemeinschaftsgarage nach Abs. 2) weitergeführt. Vermeidet der Bauherr (an sich zulässiges) oberirdisches Bauvolumen durch Unterbringung notwendiger Ga unter der Geländeoberfläche, so darf er in entsprechendem Umfang GF oder BM zusätzlich mit der Hauptnutzung realisieren, soweit der BP dies festsetzt. Diese weitreichende Möglichkeit ist allerdings eingeschränkt auf notwendige Ga, d. h. den durch die bauordnungsrechtliche Stellplatzpflicht ausgelösten Bedarf. Außerdem muß der BP, unter Beachtung einer geordneten städtebaulichen Entwicklung, den Umfang dieser Erhöhung konkret festsetzen, weil die zusätzliche GF oder BM wiederum notwendige Ga und diese – unter der Geländeoberfläche hergestellt – wiederum zusätzliche GF oder BM ermöglicht und so eine Spirale in Gang setzen könnte. Eine derartige zufällige Häufung von Bauvolumen wäre städtebaulich nicht vertretbar. Bei der Festsetzung des Umfangs der Erhöhung kann die Gemeinde einen Zuschlag in Prozent der festgesetzten GF oder BM oder eine feste Zahl, z. B. der höchstzulässigen GFZ oder BMZ, wählen. Die Festsetzung muß jedenfalls eindeutig und bestimmt sein. Setzt die Gemeinde die Erhöhung fest, besteht im Baugenehmigungsverfahren bei Vorliegen der Voraussetzungen ein Rechtsanspruch auf Genehmigung. Sieht sie dagegen eine – nach Art und Umfang zu bestimmende – Ausnahme vor, wird diese nach § 31 Abs. 1 i. V. m. § 36 Abs. 1 BauGB im Einzelfall bei Vorliegen der Voraussetzungen von der Baurechtsbehörde im Einvernehmen mit der Gemeinde erteilt. Nach der Neuregelung in § 19 Abs. 4 kann die Vergünstigung nach Abs. 5 in künftigen BP vor allem in Fällen zum Zuge kommen, in denen die Tief-Ga innerhalb der überbaubaren Grundstücksfläche und unter dem Gebäude untergebracht ist, weil die Möglichkeit zur Anlage von Tief-Ga außerhalb des Gebäudes durch ihre Anrechnungspflicht auf die GRZ erheblich eingeschränkt worden ist, wenn die Gemeinde keine abweichende Bestimmung trifft (vgl. § 19 Abs. 4 Satz 3).

6 Die Vorschriften in § 21 a zeigen exemplarisch die Kompliziertheit der Maßfaktoren GFZ, BMZ und Z, sowohl bei der Festsetzung im BP als auch im baurechtlichen Vollzug. In vielen Fällen wird es einfacher und klarer sein, das auf Baugrundstücken zulässige Bauvolumen durch GRZ und H unter Beachtung von § 17 in der nach städtebaulichen Gesichtspunkten vertretbaren Größe festzusetzen. Dabei können die für die Regelungsmöglichkeiten in § 21 a maßgebenden städtebaulichen Gesichtspunkte zur Begründung einer Überschreitung der Obergrenzen des § 17 Abs. 1 durch Festsetzungen im BP, namentlich nach § 17 Abs. 2 (Erforderlichkeit, ausgleichende Maßnahmen und Umstände), mit herangezogen werden.

Dritter Abschnitt · Bauweise, überbaubare Grundstücksfläche

§ 22   Bauweise

(1) Im Bebauungsplan kann die Bauweise als offene oder geschlossene Bauweise festgesetzt werden.
(2) In der offenen Bauweise werden die Gebäude mit seitlichem Grenzabstand als Einzelhäuser, Doppelhäuser oder Hausgruppen errichtet. Die Länge der in Satz 1 bezeichneten Hausformen darf höchstens 50 m betragen. Im Bebauungsplan können Flächen festgesetzt werden, auf denen nur Einzelhäuser, nur Doppelhäuser, nur Hausgruppen oder nur zwei dieser Hausformen zulässig sind.
(3) In der geschlossenen Bauweise werden die Gebäude ohne seitlichen Grenzabstand errichtet, es sei denn, daß die vorhandene Bebauung eine Abweichung erfordert.
(4) Im Bebauungsplan kann eine von Absatz 1 abweichende Bauweise festgesetzt werden. Dabei kann auch festgesetzt werden, inwieweit an

die vorderen, rückwärtigen und seitlichen Grundstücksgrenzen herangebaut werden darf oder muß.

Erläuterungen:

Die Bauweise regelt das Verhältnis der Gebäude zu den Grundstücksgrenzen. Sie dient mithin im weiteren, neben der Festsetzung der ÜGF, der Festlegung der Anordnung der Gebäude auf den Grundstücken. Der Begriff der Bauweise hat nichts mit landläufigen Sachverhaltsbeschreibungen unter dieser Bezeichnung zu tun (wie z. B. Fertig-B., Flachdach-B., Holz-B., Terrassen-B., Geschoß-B.), also nichts mit Hausform, Material, Herstellungsart und dergl.. Nach Abs. 1 kann die offene Bauweise (o) oder die geschlossene Bauweise (g) festgesetzt werden. Mit der Formulierung „kann festgesetzt werden" wird klargestellt, daß aus dieser Vorschrift keine eigenständige Verpflichtung erwächst, die Festsetzung auch tatsächlich zu treffen. Die Erforderlichkeit einer Festsetzung beurteilt sich vielmehr stets nach den Grundsätzen der Bauleitplanung und dem Gebot einer gerechten Abwägung aller Belange in § 1 BauGB. Die planungsrechtliche Vorschrift über die Bauweise regelt die Frage des Grenzanbaus dem Grunde nach, wohingegen die weiteren Einzelheiten, insbesondere die Größe der einzuhaltenden Abstandsflächen, sich nach den ergänzenden bauordnungsrechtlichen Vorschriften der Länder richten. Die Bauweise ist ein wichtiges Ordnungs- und Gestaltungsinstrument im Städtebau, so daß sie i. d. R. im BP auch festgesetzt wird. Gleichwohl gehört sie nicht zum Mindestinhalt des qualifizierten BP nach § 30 Abs. 1 BauGB. Trifft der BP keine Festsetzung über die Bauweise, bestimmt sich die Frage des Grenzanbaus im weiteren nach den Vorschriften der LBO. Diese geht davon aus, daß vor den Außenwänden von Gebäuden Abstandsflächen liegen müssen, wenn nach planungsrechtlichen Vorschriften nicht an die Grenze gebaut werden muß oder darf (vgl. z. B. § 6 Abs. 1 LBO BaWü). Will die Gemeinde die Möglichkeit oder den Zwang zum Grenzanbau schaffen, so muß sie eine entsprechende Bauweise im BP festsetzen. Die Gemeinde kann ihre Bauweisen-Festsetzungen auch differenziert treffen. § 16 Abs. 5 ist sinngemäß anzuwenden, auch wenn in § 22 hierauf nicht ausdrücklich verwiesen ist. Die Differenzierung kann demnach auch für einzelne Grundstücke oder Grundstücksteile sowie für Teile baulicher Anlagen erfolgen. So kann es z. B. bei bestimmten Gestaltungsabsichten erforderlich sein, die Bauweisen-Festsetzung nach einzelnen Geschossen bzw. Ebenen zu differenzieren (z. B. für die beiden unteren g, darüber o), oder die Bauweise in der Grundstückstiefe zu differenzieren (z. B. in dem – im BP genau zu bezeichnenden – vorderen Grundstücksbereich g, im hinteren o).

2 In **Abs. 2** wird die **offene Bauweise (o)** geregelt. Die Gebäude werden mit seitlichem Grenzabstand als Einzelhäuser, Doppelhäuser oder Hausgruppen errichtet (Satz 1). Angesprochen ist der seitliche Grenzabstand. Die Orientierung der Grundstücke bestimmt sich nach der erschließenden öffentlichen Verkehrsfläche. Danach liegt die vordere Grundstücksgrenze an der Straßenbegrenzungslinie, straßenabgewandt liegt die rückwärtige oder hintere Grundstücksgrenze, die seitlichen Grundstücksgrenzen verlaufen quer zur Verkehrsfläche und verbinden die vordere und die rückwärtige Grundstücksgrenze. Ein Eckgrundstück an öffentlichen Straßen hat demnach z. B. zwei vordere und zwei seitliche, dagegen keine rückwärtige Grundstücksgrenze. Die o stellt nur Anforderungen an die seitlichen Grenzen, von denen Abstände einzuhalten sind. Sie trifft damit keine Festsetzung über das Verhältnis der Gebäude zur vorderen und rückwärtigen Grundstücksgrenze mit dem Ergebnis, daß i. a. mangels planungsrechtlicher Festsetzung über das Anbauen müssen oder dürfen nach LBO auch hier Abstandsflächen einzuhalten sind. In der o sind verschiedene Hausformen zulässig: **Einzelhäuser** sind allseitig freistehende Gebäude, die über ein selbständiges Erschließungselement verfügen. Dazu gehören mithin auch sogenannte Punkthochhäuser und Wohnblocks (als Spänner- oder Laubengangtyp). Auf die Größe der Gebäude, Zahl der Wohnungen, Eigentumsverhältnisse (Miet- oder Eigentumswohnungen) kommt es nicht an. **Doppelhäuser** sind zwei selbständige, aneinander gebaute Gebäude. Jedes Gebäude hat ein selbständiges Erschließungselement und ist durchgehend vom anderen Gebäude (durch Brandwand) getrennt. Auch hier kommt es nicht auf die Größe der Gebäude, ihre Wohnungszahl oder die Eigentumsverhältnisse an. Z. B. sind zwei aneinander gebaute Spännertypen des Geschoßwohnungsbaus ein Doppelhaus. Es kann auch auf einem einheitlichen Grundstück stehen. Außerdem ist nicht eine Gleichartigkeit, etwa i. S. der Spiegelbildlichkeit, vorausgesetzt. Die einzelnen Elemente eines Doppelhauses können unterschiedlich groß und verschieden geformt sein. **Hausgruppen** sind mindestens drei selbständige Einheiten, für die sinngemäß das zum Doppelhaus Gesagte gilt. Insbesondere kommt es auch hier nicht auf die Größe, Gleichartigkeit und Ausformung der einzelnen Einheiten an, ebensowenig wie auf die Form ihrer Anordnung (als strenge Zeile oder stark gestaffelte Gruppierung). In allen drei Hausformen darf in der o die Länge höchstens 50 m betragen. Was die **Länge** – im Unterschied zu den

anderen Gebäudeausdehnungen – ist, bestimmt sich wiederum nach der öffentlichen Verkehrsfläche. Die Gebäude-, Doppelhaus-, Hausgruppen-Länge ist die Ausdehnung entlang der öffentlichen Verkehrsfläche. Nicht beschränkt ist die Haustiefe. Sie richtet sich nach den übrigen Festsetzungen des BP, z. B. der festgesetzten ÜGF. So steht z. B. eine Bebauung mit senkrecht zur Straße gestellten Hauszeilen – auch beträchtlicher Ausdehnung – dann in Einklang mit o, wenn die Ausdehnung entlang der Straße (Zeilenkopf) nicht länger als 50 m ist. Bei einer stark gestaffelten Hausgruppe kommt für die Längenbegrenzung nur die Ausdehnung (als Projektion) bezogen auf die öffentliche Verkehrsfläche in Ansatz (bei Parallelstellung zur Straße werden also nur die parallel verlaufenden Wandteile und nicht die senkrecht zur Straße in Ansatz gebracht). Liegt ein Einzelhaus, Doppelhaus oder eine Hausgruppe an zwei (ineinander übergehende) Straßen (öffentliche Verkehrsfläche), so ist auch hier die Ausdehnung entlang der öffentlichen Verkehrsfläche, d. h. z. B. bei einem winkelförmigen Baukörper auf einem Eckgrundstück die Addition beider Schenkel für die Längenbeschränkung von 50 m maßgebend. Andererseits ist aber auf einem Eckgrundstück ein Baukörper mit 50 m Ausdehnung an einer der Straßen zulässig, wenn er nur eine normale Haustiefe (ca. 15 m) aufweist; der nach der anderen Straße orientierte Gebäudekopf muß nicht abgewickelt werden. Hat die Gemeinde in BP o festgesetzt, sind alle drei Hausformen allgemein zulässig. Nach Abs. 2 Satz 3 können im BP jedoch auch Flächen festgesetzt werden, auf denen nur Einzelhäuser, nur Doppelhäuser, nur Hausgruppen oder zwei dieser Hausformen zulässig sind.

In der **geschlossenen Bauweise (g)** nach **Abs. 3** werden die Gebäude ohne **3** seitlichen Grenzabstand errichtet. Auch hier werden lediglich die seitlichen Grundstücksgrenzen in Bezug genommen. In g sind mithin die Gebäude entlang der öffentlichen Verkehrsfläche zusammenhängend von der einen bis zur anderen seitlichen Grundstücksgrenze zu errichten. Dies bedeutet, daß bei einem Eckgrundstück (zwei vordere, zwei seitliche, keine rückwärtige Grundstücksgrenze) ebenfalls ein zusammenhängender Baukörper errichtet werden muß. So entsteht bei einem rundum von Straßen eingefaßten Quartier bei Festsetzung von g der klassische Baublock. Die Grenzanbaupflicht gilt, wenn der BP nichts anderes festsetzt (z. B. höhenweise differenzierte Bauweisenfestsetzung oder Differenzierung nach der Grundstückstiefe, vgl. Rn 1), für alle Geschosse und für die gesamte Tiefe der ÜGF. Der zweite Halbsatz in Abs. 3 sieht eine Abweichungsmöglichkeit bei vorhandener Bebauung vor. Sie entspricht der im Bauordnungsrecht (z. B. § 6 Abs. 1 LBO BaWü) geregelten Abweichungsmöglichkeit, im Einzelfall zu verlangen oder zu gestatten, daß nicht angebaut wird, wenn dies insbesondere aus sicherheitlichen und hygienischen Gründen geboten ist, weil z. B. auf dem Nachbargrundstück schon ein Gebäude mit (geringem) Grenzabstand steht.

4 **Abs. 4** eröffnet den Gemeinden die Möglichkeit von Abs. 1, also von o und g **abweichende Bauweisen** im BP festzusetzen. Dies ist eine notwendige Regelung, weil o und g zwar zwei wichtige, aber eben doch nur zwei Formen der Bauweise sind, die sich im übrigen nur auf die seitlichen Grundstücksgrenzen beziehen. Die Gemeinden haben hiernach einen weiten Gestaltungsspielraum, um i. R. ihres Planungsermessens die aus städtebaulichen Gründen jeweils geeignetste Form der Bauweise festzusetzen. Es muß sich dabei allerdings immer um Regelungen des Verhältnisses der Gebäude zu den Grundstücksgrenzen handeln, die eindeutig und bestimmt sind. Einfachste Formen der abweichenden Bauweise wären z. B. Modifikationen der Gebäudelänge in der o nach oben oder unten (z. B. offen, jedoch Länge höchstens 30 m; offen, jedoch Länge höchstens 80 m). Ferner kann anstelle der Pflicht zum Abstand (bei o) oder der Pflicht zum Anbau (bei g) festgesetzt werden, daß angebaut werden darf aber nicht muß. Damit kann dem Bauherrn eine Wahlmöglichkeit eingeräumt werden. Baut er ein großes Haus, kann er anbauen, baut er ein kleines, kann er Abstand halten. Bei der Festsetzung abweichender Bauweisen sind alle Kombinationen denkbar. Abs. 4 Satz 2 stellt ausdrücklich klar, daß in der abweichenden Bauweise auch Regelungen über den Anbau von vorderen und rückwärtigen Grundstücksgrenzen einbezogen werden können, wenngleich daran schon bislang keine Zweifel bestanden.

§23 Überbaubare Grundstücksfläche

(1) Die überbaubaren Grundstücksflächen können durch die Festsetzung von Baulinien, Baugrenzen oder Bebauungstiefen bestimmt werden. § 16 Abs. 5 ist entsprechend anzuwenden.
(2) Ist eine Baulinie festgesetzt, so muß auf dieser Linie gebaut werden. Ein Vor- oder Zurücktreten von Gebäudeteilen in geringfügigem Ausmaß kann zugelassen werden. Im Bebauungsplan können weitere nach Art und Umfang bestimmte Ausnahmen vorgesehen werden.
(3) Ist eine Baugrenze festgesetzt, so dürfen Gebäude und Gebäudeteile diese nicht überschreiten. Ein Vortreten von Gebäudeteilen in ge-

ringfügigem Ausmaß kann zugelassen werden. Absatz 2 Satz 3 gilt entsprechend.

(4) Ist eine Bebauungstiefe festgesetzt, so gilt Absatz 3 entsprechend. Die Bebauungstiefe ist von der tatsächlichen Straßengrenze ab zu ermitteln, sofern im Bebauungsplan nichts anderes festgesetzt ist.

(5) Wenn im Bebauungsplan nichts anderes festgesetzt ist, können auf den nicht überbaubaren Grundstücksflächen Nebenanlagen im Sinne des §14 zugelassen werden. Das gleiche gilt für bauliche Anlagen, soweit sie nach Landesrecht in den Abstandsflächen zulässig sind oder zugelassen werden können.

Erläuterungen:

Die Festsetzung der **überbaubaren Grundstücksfläche (ÜGF)** gehört zum 1 Mindestinhalt des qualifizierten BP (§30 Abs. 1 BauGB). Sie regelt die Verteilung der baulichen Anlagen auf dem Grundstück, ist also keine Bestimmungsgröße des Maßes der baulichen Nutzung wie die Verhältniszahl GRZ, aus der sich die für das jeweilige Baugrundstück zulässige Grundfläche (GR) errechnet. Die ÜGF bestimmt vielmehr, wo die zulässige GR auf dem Grundstück verwirklicht werden kann. Indirekt kann die festgesetzte ÜGF im Einzelfall allerdings auch als maßbegrenzende Festsetzung wirken. Ist die zulässige GR größer als die ÜFG, ist sie nicht voll ausnutzbar. Da im BP Grundstücksgrenzen nicht festsetzbar sind, wäre eine volle Harmonisierung von GRZ und ÜGF für die oftmals erst nach Inkrafttreten des BP gebildeten Baugrundstücke auf der Ebene des BP gar nicht erreichbar. Sie ist aber häufig auch nicht gewollt. Die Baumöglichkeiten auf einem Grundstück enden jeweils dort, wo zuerst eine öffentlich-rechtliche (meist bauplanungs- oder bauordnungsrechtliche) Vorschrift einer weiteren Ausnutzung des Grundstücks entgegensteht. Bei dem genannten Verhältnis von GRZ und ÜGF ist bei der stets gebotenen verfassungskonformen Handhabung der Planungsinstrumente dem Bauherrn eine möglichst weitgehende Freiheit bei der Anordnung seiner Baulichkeiten zu belassen. Andererseits hat die Festsetzung der ÜGF eine wichtige Funktion bei der Sicherung der nach städtebaulichen Gesichtspunkten entwickelten räumlichen Ordnung in einem Gebiet. D. h. die ÜGF ist so eng wie notwendig, aber so weit wie möglich festzusetzen. Im Normalfall sollten die Grenzen der ÜGF weiter gezogen werden als die zulässige GR. Die Festsetzungen über die ÜGF haben i. d. R. keinen nachbarschützenden Charakter, da sie im allgemeinen aus städtebaulichen, den öffentlichen Interessen dienenden Belangen getroffen werden. Mit den in Abs. 1 an die Hand gegebenen Mitteln von Baulinie, Baugrenze oder Bebauungstiefe, werden die Flächen für die Anordnung der Gebäude verbindlich festgesetzt (Baufelder, Baustreifen, Baufenster). Die Festsetzung erfolgt unabhängig von den – im BP nicht festsetzbaren – Grundstücksgrenzen. Baulinien und Baugrenzen sind daher grundsätzlich nicht geeignet, Fragen der Bauweise (Anordnung der Gebäude im Verhältnis zu den Grundstücksgrenzen) oder der Größe und Lage von Grenzabstandsflächen zu bestimmen. Dies verbietet sich schon deshalb, weil hier, selbst im Falle der Abstimmung mit einer z. B. durch Baulandumlegung vorgesehenen Grenzziehung für die vorgesehenen Grundstücke, mit einer örtlich absolut fixierten Linienfestsetzung auf veränderliche Grundstücksgrenzen abgestellt würde. Namentlich bei festgesetzten Baulinien, an die zwingend angebaut werden muß, die aber in geringen Abstand zu Grundstücksgrenzen kommen können, ließen sich Normkollisionen nicht ausschließen. Werden keine rechtfertigenden städtebaulichen Gründe für die Festsetzung z. B. einer seitlichen (d. h. quer zur öffentlichen Verkehrsfläche verlaufenden) Baulinie dargetan, so ist die Festsetzung unzulässig. Vergleichbare Kollisionen können bei der Festsetzung von Baugrenzen nicht entstehen, da an sie nicht zwingend angebaut werden muß. Rückt eine Grundstücksgrenze näher an eine festgesetzte Baugrenze heran, als dies der Entfernung der für das Gebäude erforderlichen Grenzabstandsfläche entspricht, so kann die ÜGF wegen der nach LBO einzuhaltenden Abstandsfläche nicht voll ausgeschöpft werden. In städtebaulich besonders begründeten Fällen kann zur Sicherung einer bestimmten Gestalt des Stadtraums (z. B. Platzbildung, Straßenraum) gleichwohl eine, möglicherweise mit landesrechtlichen Vorschriften kollidierende, Baulinie festgesetzt werden; im Vollzug ist dann eine Abweichung von der geforderten Abstandsfläche erforderlich. Eine entsprechende Abweichungsregelung findet sich in § 6 Abs. 13 Musterbauordnung und z. B. in § 7 Abs. 4 LBO BaWü, die unter bestimmten sicherheitlichen Voraussetzungen im Einzelfall dem BP Vorrang einräumt. Abs. 1 Satz 2 nimmt Bezug auf § 16 Abs. 5, der hier entsprechend Anwendung findet. Damit wird klargestellt, daß die Festsetzungen von Baulinien, Baugrenzen oder Bebauungstiefen auch für einzelne Grundstücke und Grundstücksteile und für Teile baulicher Anlagen unterschiedlich getroffen werden können, wobei die Festsetzungen oberhalb und unterhalb der Geländeoberfläche getroffen werden können. Damit steht den Gemeinden auch hier das ganze Spektrum an Differenzierungsmöglichkeiten bei der Festsetzung im BP zur Verfügung. Eine Klarstellung ergibt sich namentlich für die, seit der Einfügung von § 9 Abs. 3 in das

BBauG mit der Novelle 1979 schon angenommene Zulässigkeit der Festsetzung von Baulinien, Baugrenzen und Bebauungstiefen, die auch unter die Geländeoberfläche wirken. Soll die Festsetzung der ÜGF – entgegen dem Wortlaut „überbaubar" – nach Abs. 1 Satz 2 unterhalb der Geländeoberfläche getroffen werden, bedarf es einer eindeutigen besonderen Bezeichnung der betreffenden Baulinie oder Baugrenze im BP. Bezeichnet der BP keine Baugrenzen oder Baulinien mit der besonderen unterirdischen Wirkung, so erstreckt sich ihre Wirkung lediglich auf die Überbaubarkeit, d. h. sie wirken von der Geländeoberfläche aus für die aufsteigende Wand. Dies wird auch weiterhin der Normalfall sein.

Abs. 2 regelt die **Wirkung der Baulinie (BL)**. Auf dieser Linie muß auf die **2** gesamte Höhe der aufsteigenden Wand zwingend gebaut werden. Ist eine BL im BP besonders als unter die Geländeoberfläche wirkend bezeichnet, so gilt dies auch für eine unterirdische Bebauung. Die BL ist ein außerordentlich stringentes Instrument, das die Baufreiheit in hohem Maße einschränkt. Nach dem aus der Verfassung hergeleiteten Gebot planerischer Zurückhaltung ist von BL-Festsetzungen sparsam und nur in städtebaulich begründeten Fällen Gebrauch zu machen. Gerechtfertigt können BL vor allem bei stadträumlichen und stadtgestalterischen Planungen mit strengen Ordnungselementen und hohem Qualitätsanspruch sein. Die Festsetzung von BL läßt sich bei Neuplanungen i. d. R. nur aus einer dem BP vorausgehenden sorgfältigen städtebaulichen Entwurfsplanung begründen. Leichter fällt die Begründung in Bestandsgebieten mit qualitätvoller und erhaltenswerter Gestalt, die durch ganz spezifische, Stadtraum prägende Gebäudeanordnungen bestimmt ist, die im BP als wesentliche Ordnungselemente in BL festgeschrieben werden sollen. BL können grundsätzlich als vordere, hintere und seitliche BL festgesetzt werden. Damit ist auch eine allseitige Festsetzung von BL möglich. Befindet sich ein solches „Baufenster" auf einem Grundstück, bedeutet dies für den Bauherrn die zwingende Ausfüllung der gesamten ÜGF und eine strikte Festlegung der äußeren Konturen seines Gebäudes und damit letztendlich auch seines Grundrisses, da an alle BL gebaut werden muß. Eine derartige Einschränkung der Baufreiheit ist nur bei Vorliegen eines zwingenden städtebaulichen Erfordernisses zulässig. Bei dem zu fordernden hohen – meist stadtgestalterisch motivierten – Anspruch an die Begründung der Festsetzung von BL wird deutlich, daß eine Festsetzung von unter die Geländeoberfläche wirkenden BL sehr viel seltener gerechtfertigt werden kann. Hier sind i. d. R. nur funktionelle Begründungen in besonderen Situationen denkbar (z. B. Eingrenzung der Bebauung aus geologischen Gründen, Erhaltung von Grundwasserströmen, Außenwände an bestimmten Stellen aus statischen Gründen). Bei notwendigen unterirdischen Eingrenzungen wird im übrigen meist eine Baugrenze ausreichend sein. Eine festgesetzte BL ist nicht mit einem Baugebot zu verwechseln, d. h. die BL entfaltet ihre spezifische Wirkung erst dann, wenn auf dem Grundstück oder Grundstücksteil hinter der BL gebaut wird; sie hat eine Art von Magnetwirkung. Befindet sich z. B. auf einem Baugrundstück entlang der Straßenbegrenzungslinie in einem Teil eine BL und geht in einem anderen Teil in eine Baugrenze (BG) über, so kann der Bauherr mit seinem Gebäude insgesamt hinter der Straßenbegrenzung zurückbleiben, wenn er nur in dem hinter der BG gelegenen Grundstücksteil baut. In der Literatur vertretene Auffassungen, die im Falle offener Bauweise und gleichzeitig festgesetzter BL in der notwendigen Freihaltung der Abstandsflächen von Bebauung einen Widerspruch zur BL sehen, sind abwegig. Nach Satz 2 kann ein Vor- oder Zurücktreten von Gebäudeteilen in geringfügigem Ausmaß zugelassen werden. Dabei handelt es sich um eine „Kann"-Vorschrift, die mit der Festsetzung der BL im BP unmittelbar geltendes Recht wird. Sie ist keine Ausnahme i. S. v. § 31 Abs. 1 BauGB. Über die Zulassung entscheidet daher die Baurechtsbehörde nach pflichtgemäßem Ermessen. Ein Vor- oder Zurücktreten kommt nur für Gebäudeteile in Betracht. Ein Vor- oder Zurücktreten des ganzen Gebäudes, wenn auch in geringem Umfang, ist danach nicht zulassungsfähig. Auch bei Gebäudeteilen muß das Ausmaß geringfügig sein. Die Geringfügigkeit verlangt zum einen eine bescheidene Abmessung des betreffenden Gebäudeteils (z. B. Lisenen, Dachvorsprünge, Treppenhäuser, Erker, Balkone), zum anderen ein geringfügiges Ausmaß des Vor- oder Zurücktretens. Aus dem Wesen der dem stringenten Instrument BL zugrundeliegenden städtebaulichen Begründung sind alle größeren Abweichungen, die die bestimmende Erscheinung der Außenfront eines Gebäudes in der BL-Ebene beeinträchtigen, nicht zulassungsfähig. Feste Abmessungen für die in Betracht kommenden Bauteile oder ihr Vor- oder Zurücktreten gibt es demnach nicht; vielmehr geht es um Einzelfallentscheidungen nach relativem Maßstab: Je größer die bestimmende Wandfläche, desto größer können auch die Abmessungen der abweichenden Teile sein. Besonders kritisch ist im allgemeinen das Vortreten von Bauteilen zu beurteilen. Dagegen läßt die BL – bei durchgehenden konstruktiven Elementen – eingezogene offene Teile größeren Umfangs zu (z. B. Arkaden, Laubengänge, Luftgeschosse). Nach Satz 3 können im BP nach Art und Umfang bestimmte Ausnahmen festgesetzt werden. Die Gemeinden haben hier einen weitgehenden Gestaltungsspielraum, der allerdings an die Eindeutigkeit und Bestimmtheit der Festsetzung (z. B. Art der Bauteile, Abmessungen, Anzahl, Zulassungsgründe) und an die Gewährleistung der Erfüllung der Funktion der festgesetzten BL gebunden bleibt.

Im BP **festgesetzte Baugrenzen (BG)** nach **Abs. 3** dürfen mit Gebäuden **3** oder Gebäudeteilen nicht überschritten werden. Sie dürfen aber hinter der BG zurückbleiben. Damit sind BG für den Regelfall das angemessene Instrument zur Festsetzung der ÜGF. Sie sichern die geplante Anordnung der Gebäude im Gebiet und die Freihaltung der öffentlichen und privaten Freiräume, ohne durch zwingende Anbaupflicht den Bauherrn zusätzlich in seiner Dispositionsfreiheit zu beschränken. Bei der heute vor allem im Siedlungsbau üblichen verdichteten Bebauung auf verhältnismäßig kleinen Grundstücken, müssen die ÜGF ohnedies verhältnismäßig eng, meist als sog. Baustreifen, festgesetzt werden, so daß die Gebäudefluchten zwangsläufig auch mit BG weitgehend vorbestimmt sind. Für die Handhabung der BG gelten die Ausführungen in Rn 2 sinngemäß. Bei geschoßweise unterschiedlichen Festsetzungen der ÜGF können BL und BG auch kombiniert werden, d. h. in einzelnen Geschossen BL und in anderen BG, je nach den städtebaulichen Erfordernissen.

Abs. 4 regelt die **Bebauungstiefe**. Sie hat die Wirkung der BG, d. h. die durch **4** sie gebildete Begrenzung darf mit Gebäuden nicht überschritten werden; sie dürfen aber hinter ihr zurückbleiben. Die Bebauungstiefe gibt lediglich eine rückwärtige Begrenzung und muß sich daher auf eine vordere Bezugslinie, von der aus die festgesetzte Bebauungstiefe gemessen wird, abstützen. Hierfür bieten sich die Festsetzung einer BL oder BG an, soweit nicht Satz 2 zur Anwendung kommen soll, der die Ermittlung der Bebauungstiefe von der tatsächlichen Straßengrenze vorsieht, wenn im BP nichts anderes festgesetzt ist. Die Festsetzung bietet sich für weniger differenzierte Planungen an, mit denen z. B. bei vorhandener Straßenbebauung eine rückwärtige Erweiterung oder Eingrenzung der Überbaubarkeit der Grundstücke durch Text-BP geregelt werden soll.

Auf den Nicht-ÜGF können nach **Abs. 5**, wenn der BP nichts anderes fest- **5** setzt, Nebenanlagen i. S. v. § 14 sowie bauliche Anlagen, die nach Landesrecht in den Abstandsflächen zulässig oder zulassungsfähig sind, zugelassen werden. Die Nicht-ÜGF sind die Flächen außerhalb der mittels BL, BG oder Bebauungstiefe festgesetzten ÜGF. Zur Zulassung bedarf es keiner besonderen Festsetzung im BP. Als „Kann"-Vorschrift handelt es sich auch nicht um eine Ausnahme i. S. v. § 31 Abs. 1 BauGB. Die Zulassung erfolgt daher nach pflichtgemäßem Ermessen der Baurechtsbehörde im Einzelfall. Die Gemeinde kann im BP jedoch für das Gebiet oder für Teile des Gebiets, für einzelne Grundstücke oder für Teile von Grundstücken, die Anlagen nach Abs. 5 ganz oder teilweise ausschließen oder nur ausnahmsweise zulassen. Sie kann damit i. R. ihres Planungsermessens über die Bebaubarkeit der Nicht-ÜGF umfassend disponieren. Setzt die Gemeinde Ausnahmen fest, sind diese nach Art und Umfang im BP zu bestimmen. Ihre Zulassung im Baugenehmigungsverfahren setzt dann das Einvernehmen der Gemeinde voraus. Zu den auf der Nicht-ÜGF nach Satz 2 zulassungsfähigen baulichen Anlagen, die nach Landesrecht in den Abstandsflächen zulässig oder zulassungsfähig sind, gehören z. B. auf bestimmte Dimensionen eingegrenzte St, Klein-Ga, überdachte Freisitze, Treppen, Terrassen, Pergolen, Schornsteine, Einfriedungen, Stützmauern (vgl. z. B. § 6 Abs. 9 und § 7 Abs. 1 LBO BaWü). Hierzu kommen vor die Außenwände vortretende untergeordnete Bauteile wie Dachvorsprünge, Eingangsüberdachungen, Vorbauten bis 5 m Breite, die nicht mehr als 1,5 m vortreten (vgl. z. B. § 6 Abs. 4 LBO BaWü). Außerdem sind unterirdische bauliche Anlagen nach Landesrecht in den Abstandsflächen allgemein zulässig, da Abstandsflächen nur von oberirdischen baulichen Anlagen freizuhalten sind (z. B. § 6 Abs. 1 LBO BaWü). Unberührt von der Zulassungsfähigkeit der Anlagen nach Abs. 5 bleibt die nunmehr in § 19 Abs. 4 ausdrücklich geregelte Pflicht zur Anrechnung der Anlagen auf die GR. Hieraus ergibt sich für Gebiete mit festgesetzter niedriger GRZ in neuen BP eine gravierende Reduzierung der Baumöglichkeiten, da – wenn in BP nichts anderes festgesetzt ist – bestimmte Anlagen zwar grundsätzlich nach Abs. 5 auf der Nicht-ÜGF zugelassen werden können, aber wegen Ausschöpfung des Überschreitungskontingents von 50% der zulässigen GR nach § 19 Abs. 4 im Einzelfall unzulässig sind. Da § 19 Abs. 4 keine Anwendung auf BP findet, denen frühere Fassungen der BauNVO zugrundeliegen, ist für diese bestehenden Pläne keine Verschlechterung eingetreten. Auch für neue BP ist den Gemeinden zu empfehlen, die Regelung in Abs. 5 möglichst nicht durch Festsetzungen in BP einzuschränken, um namentlich den Bewohnern in den Gebieten Entfaltungsmöglichkeiten auf den Baugrundstücken zu belassen. Dies umso mehr, als künftig über § 19 Abs. 4 weitergehende Restriktionen eingreifen, wenn nicht die Gemeinde – was gleichfalls anzuraten ist – nach § 19 Abs. 4 Satz 3 abweichende Bestimmungen zur Erhöhung der Überschreitungsmöglichkeiten trifft.

Vierter Abschnitt

§ 24

(weggefallen)

Fünfter Abschnitt · Überleitungs- und Schlußvorschriften

§ 25   Fortführung eingeleiteter Verfahren

Für Bauleitpläne, deren Aufstellung oder Änderung bereits eingeleitet ist, sind die dieser Verordnung entsprechenden bisherigen Vorschriften weiterhin anzuwenden, wenn die Pläne bei dem Inkrafttreten dieser Verordnung bereits ausgelegt sind.

§ 25 a   Überleitungsvorschriften aus Anlaß der zweiten Änderungsverordnung

(1) Für Bauleitpläne, deren Aufstellung oder Änderung bereits eingeleitet ist, gilt diese Verordnung in ihrer bis zum Inkrafttreten der Zweiten Verordnung zur Änderung dieser Verordnung vom 15. September 1977 (BGBl. I S. 1757) gültigen Fassung, wenn die Pläne bei Inkrafttreten der zweiten Änderungsverordnung nach § 2 a Abs. 6 des Bundesbaugesetzes oder § 2 Abs. 6 des Bundesbaugesetzes in der bis zum 1. Januar 1977 geltenden Fassung ausgelegt sind.
(2) Von der Geltung der Vorschriften der zweiten Änderungsverordnung über gesonderte Festsetzungen für übereinanderliegende Geschosse und Ebenen sowie sonstige Teile baulicher Anlagen sind solche Bebauungspläne ausgenommen, auf die § 9 Abs. 3 des Bundesbaugesetzes in der ab 1. Januar 1977 geltenden Fassung nach Maßgabe des Artikels 3 § 1 Abs. 3 des Gesetzes zur Änderung des Bundesbaugesetzes vom 18. August 1976 (BGBl. I S. 2221) keine Anwendung findet. Auf diese Bebauungspläne finden die Vorschriften dieser Verordnung über gesonderte Festsetzungen für übereinanderliegende Geschosse und Ebenen

und sonstige Teile baulicher Anlagen in der bis zum Inkrafttreten der zweiten Änderungsverordnung gültigen Fassung weiterhin Anwendung.

§ 25 b   Überleitungsvorschrift aus Anlaß der dritten Änderungsverordnung

(1) Ist der Entwurf eines Bebauungsplans vor dem Inkrafttreten der dritten Änderungsverordnung nach § 2 a Abs. 6 des Bundesbaugesetzes öffentlich ausgelegt worden, ist auf ihn § 11 Abs. 3 Satz 3 in der bis zum Inkrafttreten der dritten Änderungsverordnung geltenden Fassung anzuwenden. Das Recht der Gemeinde, das Verfahren zur Aufstellung des Bebauungsplans erneut einzuleiten, bleibt unberührt.

(2) Auf Bebauungspläne, auf die § 11 Abs. 3 in der Fassung der Bekanntmachung vom 15. September 1977 Anwendung findet, ist § 11 Abs. 3 Satz 4 entsprechend anzuwenden.

§ 25 c   Überleitungsvorschrift aus Anlaß der vierten Änderungsverordnung

(1) Ist der Entwurf eines Bauleitplans vor dem 27. Januar 1990 nach § 3 Abs. 2 des Baugesetzbuchs öffentlich ausgelegt worden, ist auf ihn diese Verordnung in der bis zum 26. Januar 1990 geltenden Fassung anzuwenden. Das Recht der Gemeinde, das Verfahren zur Aufstellung des Bauleitplans erneut einzuleiten, bleibt unberührt.

(2) Wird in Gebieten mit Bebauungsplänen, auf die § 20 Abs. 2 Satz 2 in einer früheren Fassung anzuwenden ist, die zulässige Geschoßfläche durch Flächen von Aufenthaltsräumen in anderen als Vollgeschossen überschritten, kann die Überschreitung zugelassen werden, wenn öffentliche Belange nicht entgegenstehen.

(3) Die Vorschriften dieser Verordnung über die Zulässigkeit von Vergnügungsstätten in den Baugebieten sind auch in Gebieten mit Bebauungsplänen anzuwenden, die auf der Grundlage einer früheren Fassung dieser Verordnung aufgestellt worden sind; besondere Festsetzungen in diesen Bebauungsplänen über die Zulässigkeit von Vergnügungsstätten bleiben unberührt. In den im Zusammenhang bebauten Gebieten, auf die

§ 34 Abs. 1 des Baugesetzbuches Anwendung findet, können in einem Bebauungsplan aus besonderen städtebaulichen Gründen Bestimmungen über die Zulässigkeit von Vergnügungsstätten festgesetzt werden, um eine Beeinträchtigung

1. von Wohnnutzungen oder

2. von anderen schutzbedürftigen Anlagen, wie Kirchen, Schulen und Kindertagesstätten, oder

3. der sich aus der vorhandenen Nutzung ergebenden städtebaulichen Funktion des Gebiets

zu verhindern; in Gebieten mit überwiegend gewerblicher Nutzung können solche Bestimmungen nur zum Schutz der in Nummer 2 bezeichneten Anlagen oder zur Verhinderung einer städtebaulich nachteiligen Massierung von Vergnügungsstätten festgesetzt werden. Von den Sätzen 1 und 2 unberührt bleiben am 27. Januar 1990 vorhandene, baurechtlich genehmigte Vergnügungsstätten einschließlich notwendiger Änderungen, die sich aus behördlichen Auflagen oder gewerberechtlichen Bestimmungen ergeben.

Erläuterungen:

Mit jeder weiteren Änderung der BauNVO erweitert sich die Vielzahl der **1** Rechtsvorschriften, die z. T. mit den unter der jeweiligen Fassung der VO zustandegekommenen BP weitergelten. § 25 hat nur Bedeutung für Bauleitpläne, die beim (1.) Inkrafttreten der BauNVO am 1. 8. 1962 bereits öffentlich ausgelegt waren. Für die BauNVO 1968 ergeben sich die Übergangsvorschriften aus Abs. 2 der VO zur Änderung der BauNVO vom 26. 11. 1968 (BGBl. I S. 1233): „Für Bauleitpläne, deren Aufstellung oder Änderung bereits eingeleitet ist, gilt die Verordnung in der bisherigen Fassung, wenn die Pläne bei Inkrafttreten dieser Verordnung bereits nach § 2 Abs. 6 des Bundesbaugesetzes ausgelegt sind." Für BP, deren Entwürfe vor dem 1. 1. 1969 öffentlich ausgelegt worden sind (1. Tag der öff. Ausleg.), gilt danach die BauNVO 1962, wenn die Gemeinde den Plan nicht in einem förmlichen Verfahren auf neueres Recht umgestellt hat. Nach § 25a Abs. 1 gilt die BauNVO 1968 für BP, mit deren öffentlicher Auslegung des Entwurfs vor dem 1. 10. 1977 und nach dem 31. 12. 1968 begonnen worden ist. Verhältnismäßig geringe Bedeutung hat § 25b, weil sich diese Änderung nur auf § 11 Abs. 3 erstreckte und die Änderung im wesentlichen nur klarstellende Bedeutung hatte. Für BP, deren Entwürfe vor dem 1. 1. 1987 öffentlich ausgelegt wurden, gilt die Vermutungsregelung in § 11 Abs. 3 Satz 3 von 1500 m^2 weiter.

2 **§ 25 c** enthält die Überleitungsvorschrift aus Anlaß der 4. Änderungs-VO. Nach **Abs. 1** ist auf BP die BauNVO 1977 anzuwenden, wenn mit der öffentlichen Auslegung des Entwurfs vor dem 27. 1. 1990 und nach dem 30. 9. 1977 begonnen worden ist. Für BP mit Festsetzungen nach § 11 Abs. 3, die nach dem 31. 12. 1986 als Entwurf öffentlich ausgelegt wurden, ist § 25 b zu beachten. Hiernach gilt für sie die geltende Vorschrift in § 11 Abs. 3. **Abs. 2** sieht die Anwendung der neuen Vorschrift über die Nichtanrechnung von Aufenthaltsräumen in anderen als Vollgeschossen auf die GFZ oder zulässige GF (§ 20 Abs. 3 Satz 2) für den Einzelfall auch bei allen älteren BP vor, auf die die früheren Fassungen der BauNVO (mit Anrechnungspflicht nach § 20 Abs. 2 Satz 2 alt) Anwendung finden. Es handelt sich um eine Kann-Bestimmung, nach der die Baurechtsbehörde eine entsprechende Überschreitung der zulässigen GF im Einzelfall zulassen kann, wenn öffentliche Belange nicht entgegenstehen. Im Rahmen der Ermessensentscheidung kann die Baurechtsbehörde die jeweiligen städtebaulichen Gegebenheiten berücksichtigen. Das Einvernehmen der Gemeinde ist nicht erforderlich, da es sich nicht um eine Ausnahme vom BP i. S. v. § 31 Abs. 1 BauGB, sondern um unmittelbar geltendes Recht handelt. Gleichwohl kommt der Stellungnahme der Gemeinde im Rahmen des Baugenehmigungsverfahrens für die Zulassung der Überschreitung erhebliche Bedeutung zu. Die Überschreitungsmöglichkeit sollte großzügig gehandhabt werden. Sie muß nur versagt werden, wenn öffentliche Belange gravierend verletzt werden. Dies wird jedoch, namentlich beim Ausbau von ansonsten zulässigen Bauvolumen, i. d. R. nicht der Fall sein.

3 Die Überleitungsvorschrift in **Abs. 3** enthält weitere planungsrechtliche Bestimmungen über die Zulässigkeit von Vergnügungsstätten. **Satz 1** enthält eine Rückwirkungsregelung. Danach finden die abschließenden Regelungen der BauNVO 90 über die Zulässigkeit von Vergnügungsstätten in den Baugebieten der VO Anwendung auch auf alle alten BP, denen frühere Fassungen der BauNVO (1977, 1968, 1962) zugrunde liegen, soweit in diesen Plänen keine besonderen Festsetzungen über die Zulässigkeit von Vergnügungsstätten getroffen worden sind. Sind solche Festsetzungen getroffen worden, bleiben sie unberührt. Dies ist die erste und einzige Rückwirkungsvorschrift, die zu einer materiellen Änderung geltenden Ortsrechts führt. Dies trifft indessen nicht für alle Baugebietsarten in gleicher Weise zu. Kerngebietstypische Vergnügungsstätten (vgl. § 7 Rn 2) waren schon bislang nur im MK allgemein zu-

lässig. Als sonstige Gewerbebetriebe konnten sie in nicht kerngebietstypischer Form (also als kleinere Betriebe) in MI, GE, GI und ausnahmsweise in WB zulässig sein. In WS und WR waren sie schon bislang generell unzulässig; in WA ausnahmsweise und MD wären sie nur als nicht störende Betriebe – was sie i. d. R. nicht sind – zulässig gewesen, wofür es bei richtiger Handhabung kaum Anwendungsfälle geben dürfte. Nach der BauNVO 90 sind sie nun in WS, WR, WA, GI generell unzulässig, in WB, MD, MI sind sie als nicht kerngebietstypische Betriebe, in GE ohne diese Einschränkung, ausnahmsweise zulassungsfähig; außerdem sind sie als nicht kerngebietstypische Betriebe in den überwiegend durch gewerbliche Nutzungen geprägten Teilen eines MI allgemein zulässig. Bedeutsame tatsächliche Einschränkungen durch die Überleitungsvorschrift ergeben sich demnach nur in GI, weniger gravierend in MI, MD und WA. Daraus wird ersichtlich, daß es sich in wesentlichen Bereichen nur um eine Klarstellung handelt, die zu mehr Rechtssicherheit im Baugenehmigungsverfahren führen wird.

Nach **Satz 2** können die Gemeinden in den im Zusammenhang bebauten Gebieten, auf die § 34 Abs. 1 BauGB Anwendung findet, d. h. die nach dem Baubestand keinem der Baugebiete der BauNVO entsprechen, unter bestimmten Voraussetzungen in einem BP Bestimmungen über die Zulässigkeit von Vergnügungsstätten festsetzen, ohne daß gleichzeitig ein Baugebietstyp nach der VO festgesetzt werden muß. Voraussetzung ist das Vorliegen besonderer städtebaulicher Gründe. Diese können u. a. darin begründet sein, daß eine umfassende Überplanung des betreffenden Gebiets nach der Art der baulichen Nutzung mit dem Ziel der Festsetzung eines Baugebiets nach der BauNVO auf unverhältnismäßige Schwierigkeiten stoßen würde und der Gemeinde städtebaulich nicht beabsichtigt ist oder daß es in der konkreten Situation ausreicht, lediglich Festsetzungen über die Zulässigkeit von Vergnügungsstätten zu treffen. Die Regelungen müssen aus den in Nr. 1–3 genannten Gründen erforderlich sein. Eine Beeinträchtigung der Wohnnutzung nach Nr. 1 kann sich z. B. beim Eindringen von Vergnügungsstätten in zentrumsnahe Gebiete ergeben, in denen die Wohnnutzung eine erhebliche Bedeutung hat und deren spezifische Wohnqualität durch weitere Vergnügungsstätten wesentlich gemindert würde. Wie sich aus dem zweiten Halbsatz des Satzes 2 ergibt, können nach **Nr. 1** nur Gebiete geschützt werden, in denen das Wohnen und sonstige nicht gewerbliche Nutzungen überwiegen. Nach **Nr. 2** können auch Beeinträchtigungen von anderen schutzwürdigen Anlagen abgewendet werden. Die angeführten Beispiele zeigen, daß hier vor allem an den Schutz des Umfeldes von öffentlichen und privaten Einrichtungen aus dem kirchlichen, kulturellen und sozialen Bereich zu denken ist, insbesondere wenn diese Einrichtungen häufig von Kindern und Jugendlichen aufgesucht werden. Ein weiterer Grund kann sich aus der Sicherung der städtebaulichen Funktion des Gebiets ergeben. **Nr. 3** beschränkt die Funktionssicherung aber, auf die Abwendung von Beeinträchtigungen der Funktion, wie sie sich aus der bereits vorhandenen Nutzung ergibt. Sind größere Umstrukturierungen des Gebiets beabsichtigt oder erforderlich, muß ein BP mit umfassenderen Regelungen aufgestellt werden. **Satz 3** stellt klar, daß am 27. 1. 1990 vorhandene, baurechtlich genehmigte Vergnügungsstätten Bestandschutz genießen. Zulässig bleiben auch deren notwendige Änderungen, die sich aus behördlichen Auflagen oder gewerberechtlichen Bestimmungen ergeben. Insoweit können sie von BP nach den Sätzen 1 und 2 nicht erfaßt werden.

§ 26   Berlin-Klausel

Diese Verordnung gilt nach § 14 des Dritten Überleitungsgesetzes in Verbindung mit § 247 des Baugesetzbuchs auch im Land Berlin.

§ 27   (Inkrafttreten)[1]

---

1 Die Baunutzungsverordnung in der ursprünglichen Fassung vom 26. Juni 1962 (BGBl. I S. 429) ist am 1. August 1962 in Kraft getreten.
Die Baunutzungsverordnung 1968 ist nach Artikel 5 der Änderungsverordnung vom 26. November 1968 (BGBl. I S. 1233) am 1. Januar 1969 in Kraft getreten.
Die Baunutzungsverordnung 1977 ist nach Artikel 4 der Zweiten Änderungsverordnung vom 15. September 1977 (BGBl. I S. 1757) am 1. Oktober 1977 in Kraft getreten.
Die Baunutzungsverordnung 1986 ist nach Artikel 3 der Dritten Änderungsverordnung vom 30. Dezember 1986 (BGBl. I S. 2665) am 1. Januar 1987 in Kraft getreten.
Die Baunutzungsverordnung 1990 ist nach Artikel 4 der Vierten Änderungsverordnung vom 23. 1. 1990 (BGBl. I S. 127) am 27. 1. 1990 in Kraft getreten.

Stichwortverzeichnis

Die halbfetten Zahlen verweisen auf die Paragraphen, die mageren Zahlen nach dem Komma auf die Randnummern (Rn) der Erläuterungen.
Beispiel: **14**,3 = § 14 Rn 3

A

Ablösung von Stellplätzen **12**,3
Abstandsflächen **22**
abweichende Bauweise **22**,4
allgemeines Wohngebiet **4**
allgemeine Zweckbestimmung von Baugebieten **1**,4
Anlagen für sportliche Zwecke **4**,1; **8**,1
Anlagen für Verwaltungen **4**,2
Anpassung älterer Bebauungspläne **8**,3
Ausgleich von Maßüberschreitungen **17**,3
Ausnahmen **1**,5; **2**,3; **16**,8

B

Balkone **20**,4
Baufläche **1**,1
Baugrenze **23**,3
Baulinie **23**,2
Baugebiet **1**,1
Baulast **19**,1
Baumasse **16**; **21**
Baumassenzahl **16**; **21**
Bauweise **22**
Bebauungstiefe **23**,4
Begrenzung der Bodenversiegelung **19**
Behördenzentrum **11**,2
besondere städtebauliche Gründe **1**,6
Bestandsgebiet, Überplanung **1**,9
Betriebe, landwirtschaftliche **5**
Bodenertragsnutzung **5**,2
Bürogebäude **4a**,2

C

Campingplatzgebiet **10**,6

D

Doppelhäuser **22**,2
Dorfgebiet **5**

E

Einkaufszentren **8**,2; **11**,4,5
Einrichtungen **14**
Einzelhandelsbetriebe **5**,2; **6**,2; **8**,2; **11**,3,5
Einzelhäuser **22**,2
Entwickeln, aus Flächennutzungsplan **1**,2
Erholung **10**
Erschließungsbeitrag **16**,5

F

Ferienhausgebiet **10**,5
Firsthöhe **18**,1
Flächenbaulast **19**,1
freie Berufe **13**
Fremdenverkehr **11**,2

G

Garagen **12**; **21a**
Garagengeschosse **12**,2; **21a**,1
Gartenbaubetriebe **2**,2
Gartenhausgebiet **10**,2
Gartenlaube **14**,1
Geländeoberfläche **18**,1
Gemeinbedarf, Fläche, Anlage **1**,1,2
Gemeinschaftsanlagen **21a**,2
Geschäftsgebäude **4a**,2
geschlossene Bauweise **22**,3
Geschoßfläche **16**; **20**,3
Geschoßflächenzahl **16**; **20**,2
Gewerbebetrieb **2**,4; **8**,1
Gewerbegebiet **8**

Stichwortverzeichnis

Kohlhammer

DER STANDARD-KOMMENTAR ZUM BAURECHT

Brügelmann

**Bau-
gesetzbuch**

Von Hermann Brügelmann u. a.
Loseblattausgabe
GW – 8. Lieferung
Stand: Mai 1989
2750 Seiten. DM 298,–
ISBN 3-17-010830-1
(9. Lieferung in Vorbereitung)
Kohlhammer Kommentare

**Kohlhammer
Kommentare**

„... Die Kommentierungen zeichnen sich durch ein hohes Niveau aus ... Entsprechend der Zielsetzung dieser Großkommentare geben sie einen umfassenden, geordneten Überblick über die Rechtsprechung und die Literatur zu den jeweils erläuterten Vorschriften und enthalten zugleich eingehende eigene Stellungnahmen zu den erörterten Rechtsfragen ... Den Autoren ist es hervorragend gelungen, die Fülle der Informationen, die ein Großkommentar anbieten muß, verständlich und übersichtlich zu vermitteln ..."

**Richter am OVG Dr. H. C. Bock,
Lüneburg, Deutsches Verwaltungsblatt**

Kohlhammer Verlag W. Kohlhammer
Suttgart · Berlin · Köln

047-9001-afc